Gedanken zur Nacht oder wie ich die Welt sehe ...

Impressum

Der vorliegende Text darf nicht gescannt, kopiert, übersetzt, vervielfältigt, verbreitet oder in anderer Weise ohne Zustimmung des Autors verwendet werden, auch nicht auszugsweise: weder in gedruckter noch elektronischer Form. Jeder Verstoß verletzt das Urheberrecht und kann strafrechtlich verfolgt werden.

Druck und Vertrieb: Independent Publishing by Epubli

Autor: Kristian Mueller, Schiltacherstr. 4, 77709 Wolfach

Instagram: www.instagram.com/km2358

Facebook: www.facebook.com/wirsindviele.eu

Kontakt: kristianm2358@gmail.com

Teilredaktion (n. V. d. A. = Nach Vorgabe des Autors) Die Bücherklinik

Cover: Claudia Sperl labelschmiede.com

Layout: Katja Zimiak & Antje Grube, https://buecherklinik.de/

Gedanken zur Nacht oder wie ich die Welt sehe ...

Kristian Mueller

Prolog

Ich schreibe, weil keiner mehr zuhört ...

Menschen reden nur noch aneinander vorbei.
Sehen sich nicht mehr.
Kein Platz für Romantik.
Kein Platz für tiefe Gedanken.
Alles ist gestellt.
Alles auf der Überholspur in die Bedeutungslosigkeit.

Niemand nimmt sich Zeit für die kleinen Dinge.
Niemand lauscht mehr dem Regen in der Nacht.

Höher, schneller, weiter und ignoriert das Blut an den Händen.

Was hätte aus uns allen werden können?
Vereint für eine gute Welt.

Doch der Schein des Glänzenden hat das wahre Glück ersetzt.
Ich muss nicht glücklich sein, Hauptsache die anderen denken
dies. Während die Achterbahn nur noch nach unten führt.

Und niemand sieht den Schreiberling an der Straße ...
niemand hört zu ...
und so verhallen die Worte in der Schnelllebigkeit der Zeit ...
vergessen ...

doch ich schreibe weiter ...
solange ich kann.
Vielleicht findet sich doch mal eine Seele, die zuhört.

2021

Ich schreibe, weil es mir guttut.
Nicht um jemand zu gefallen, nein, ich schreibe, um Gedanken loszuwerden, die in meinem Kopf Pingpong spielen.
Ich schreibe immer aus der Seele, ohne große Vorbereitung, meist nur mit ein paar Worten, die sich formen.

Dann fließt Zeile um Zeile aufs Papier und wird meist noch nicht einmal gegengelesen.
Ich weiß es gibt Fehler, ich weiß manches ist wirr und vieles weit ab von perfekt.
Andere Formulierungen würden häufig guttun, aber alles kommt aus meinem Herzen.

Und auch wenn es niemand liest, dann bin ich es los.
Solange hab ich gesucht und mich verbogen.
All die Dinge getan, um normal zu wirken, und am Ende war alles nur noch Unglück.

So schreibe ich ... heute, gestern und auch morgen.
Für mich und für Euch, wenn ihr mögt.
Und mag doch heute nur sagen ... wenn etwas dich glücklich macht, dann wehre dich nicht dagegen.

Nur du musst dieses Leben führen.
Nur du darfst so sein, wie du bist.
Und es bleibt nicht viel Zeit ... verschwende nicht so viel wie ich davon.

Du bist gut so, wie du bist und musst niemandem etwas beweisen. Immer nur dir selbst.

Für mehr Akzeptanz und Liebe da draußen ... und für mehr Künstler, denn wahre Kunst ist rar gesät in diesen Tagen ... und wird doch so dringend benötigt.

Wenn du fühlst, dass der Sturm dich jagt, bist vielleicht du es, der den Sturm immer wieder sucht?

Gönnst dir keine Ruhe und springst von Gedanke zu Gedanke. Immer ist es die Welt, die Schuld ist, doch bist du ein Teil dieser, schaffst dir deinen eigenen kleinen Pfad, dem du folgst.

Das Leben ist hart und ungerecht, doch haben wir nur dieses.

Niemand hat gesagt, dass es leicht wird, aber auch niemand hat gesagt, dass es so schwer sein kann.

Ewig auf der Suche, ohne dich umzuschauen, ohne zu sehen, dass du vielleicht schon angekommen warst.

Wer weiß schon wie die Würfel fallen, Sturmsucher?
Vielleicht sind einige von uns genau dafür geboren?
Im Chaos. Für das Chaos.

Denn Ordnung ist meist so schrecklich anstrengend.

Wenn Puzzleteile auf endlose Weizenfelder fallen und im Wind tanzen.

Doch was weiß ich schon? Ich bin niemand und wirren Worten ist schwer zu folgen ... und wirren Gedanken noch viel schwerer.

Plätschern ohne Sinn aufs Papier ... und bleiben dann nur Randnotizen im Kosmos.

Dem ewigen Sturm im Schwarz des Alls in dem Jung zu Alt wird, vergeht und neu entsteht und der hiermit den Kreis schließt.

Wenn jeder Tag ein Kampf ist. Mit sich selbst, den Dämonen, den Gedanken. Und Du zerrissen bist zwischen guten und schlechten Augenblicken.

Was ist das Licht?
Was ist schon Normalität?

Muss ich etwas erreichen, nur weil man mir sagt, es wäre besser für mich?

Wer entscheidet, was richtig für mich ist, wenn nicht ich selbst?

Anmaßende Urteile über ein Leben, über eine Existenz.

Vielleicht ist die Dunkelheit das, was ich brauche.

Kann mich sanft in die Arme der Melancholie legen, die mich schon immer begleitet. Und mich niemals verließ.

Warum kämpfen? Weil sie es sagen?

Nicht der Wunsch nach Tod, nur der Wunsch nach Ruhe.
Sehnsucht nach Akzeptanz ... aber nur meiner eigenen.

Und du erkennst, dass du kämpfst ... gegen ihre Dämonen, die sie dir einreden.
Gegen ihre Gedanken, welche ständig wiederholt werden.
Gegen ihre Welt.

Denn sie ist nicht meine.

Vielleicht wähle ich die Dunkelheit, so wie sie mich gewählt hat. Denn dort ist mein Platz und hier bin ich nicht alleine. Und hier kann ich ich sein ...

Und du träumst davon, diese Erde zu verlassen.

Auf Reisen zu gehen zwischen den Sternen.

Deine Füße ins Universum zu tauchen und den Kopf zwischen den Sternen zu verlieren.

Warst nie Teil der Menschheit mit ihrem bunten Treiben voll Belanglosigkeit.

Hast nie die sozialen Regeln verstanden noch die Kraft gefunden, sie dennoch zu befolgen.

Willst dich verlieben in die endlose Weite der makellosen Schwärze und strahlenden Wirbeln voll beruhigender Geheimnisse.

Suchst Sinn und Unsinn in den Wundern die da draußen liegen und schickst jede Nacht deine Wünsche und Träume schon mal auf den Weg.

Schaust hinauf voll Faszination und Sehnsucht nach Vergessen und Erleben.

Danach endlich etwas zu fühlen, was du dir selbst erklären kannst.

Dann nimm meine Hand und lass mich dich begleiten ... dorthin wo alles endlich Ordnung im Chaos ergibt und wohin sich unsere Seelen schon so lange wünschen.

♥

Mein Blick aufs Leben.

Ich laufe durch Gemälde, geschaffen nur durch meine Vorstellungskraft.

Male mit großem Pinsel über die Realität, die oft so grau und austauschbar ist.

Zeichne Gedanken in Worte, die auf meiner Seele brennen und schaffe mir mein eigenes Sein, welches so oft von der Norm abweicht.

Und immer die Frage, warum so viele Menschen das Staunen und den Blick auf die Schönheit in Kleinigkeiten verlernt haben.

Traurige Welt ...

nicht meine Welt ...

♥

Diese Nächte im Mai mit diesem speziellen Duft, der dich fortträgt in Erinnerungen an die Jugend, als Träume noch mehr waren als verzerrte Spiegelbilder der Realität.

Mit ihrer flirrenden Geschäftigkeit auf dem Sprung zum Sommer. Mit Melodien der Natur, die man nur wahrnimmt, wenn man mit offenem Herzen zu lauschen vermag.

Man spürt die angenehme Kühle ohne die Stickigkeit, die ihre Schatten vorauswirft. Wärme am Tag und Erholung am Abend. Die perfekten Nächte, in denen die Seele rein ist und die Gedanken klar.

Ein Augenblick an dem alles gut zu sein scheint … und man wünscht sich nur, ihn festhalten zu können.

Doch die Welt dreht sich weiter und solche Momente sind rar. Nehmt sie mit, wohin auch immer Euch euer Weg tragen mag. Denn sie sind kostbar und magisch.

Ein kleines bisschen Heilung, ein kleines bisschen Perfektion und flüchtiger Balsam in Zeiten der Grausamkeiten …

♥

Gedanken stoßen an graue Wände.

Der Blick auf die Welt nur durch schmutzige Fenster ... verschwommen und weit weg. Während davor das Leben bunt in seiner Normalität vor sich hin plätschert.

Gefühle nicht zuzuordnen.

Falsch und unverständlich.

Sensorische Empfindungen ins unendlich potenziert und verdreht.

Gerüche werden zu Bildern und Geräusche tragen einen an ferne Orte, die man nie gesehen hat oder werfen dich in Erinnerungen.

Zu oft gegen diese Wände gekämpft, Risse und Löcher geschlagen.

Doch Jahr um Jahr werden die Mauern dicker und die Kraft schwindet aus blutenden Knöcheln. Und stumpf wird die Welt.

Immer weiter entfernt.

Bis man nur noch ins Universum blickt ... auf der Suche nach Grund und Erkenntnis.

Ewig gefangen im Käfig und der Weg aus dem Labyrinth ist fern.

♥

Die größten Geister sind zerfressen von Selbstzweifeln. Aber nicht viele, die zerfressen von Selbstzweifeln sind, sind auch große Geister.
Woran erkennt man den Unterschied?

Wenn alle dir immer sagen du bist falsch ... wie lange kann ein Verstand stark bleiben, bevor er es glaubt? Bevor er in Wertlosigkeit verkümmert, nur weil ihm das eingetrichtert wurde? Und vielleicht ist er nur ein Spinner ohne Bedeutung. Ausgespuckt von der Welt der grauen Masse in die er nicht passen wollte.

Wie viel Druck kann man aushalten, bevor man bricht und in Normalität verkümmert? Wenn alle recht haben, vielleicht ist man dann wirklich falsch?

In diesen Zeiten, in denen jeder seine fünfzehn Minuten Ruhm bekommt? Was zählt da der Schreiberling mit düsteren Worten? Kein Make-up tutorial ... kein Erfolgscoach ... keine lustigen Prankvideos ...

Nur ein paar Worte in der Nacht ...

Was bedeutet das noch? Wenn alles konsumiert und ausgekotzt wird? In Minuten und dann kommt das nächste Mahl auf den virtuellen Tisch. Bis einem der Kopf platzt.

Was bedeutet es noch ... es sind doch nur ein paar Worte in der Nacht. Entsprungen dem Verstand eines Spinners ... der noch an die Liebe glaubt und daran das man vielleicht etwas ändern kann. Ändern sollte ...

Doch geht verloren im Wirbel der unendlichen Unterhaltung. Und bleibt vielleicht dann doch für immer falsch ...

Plötzlich ist da diese Ruhe.

Das Chaos im Kopf ist auf einmal sortiert und ergibt einen Sinn hinter all dem Unsinn.

Du akzeptierst die Dunkelheit als Teil deiner selbst und gewinnst Gefallen an deiner Melancholie, welche dir neue Wege zeigt und dein ewiger Begleiter sein wird. Wie ein guter Freund mit etwas düsteren Gedanken.

Wolltest immer anders sein und dich verändern, weil die Welt es so wollte.

Doch nun erkennst du die Angst und Unsicherheit hinter all dem Druck von außen der ewig auf deinen Schultern lastete. Die Stürme sind nicht vorüber und Monster lauern in allen Ecken, doch nun hast du Schwert und Schild ihnen entgegenzutreten und sie werden nicht mehr immer obsiegen.

Dein Weg und niemand sonst muss ihn gehen. Darf ihn gehen.

Und du erkennst, dass du genau richtig bist ... in jedem Augenblick und kannst endlich mit erhobenen Schultern in jeden Kampf ziehen, den dir das Leben entgegen wirft.

In aller Anmut und Schönheit, die die Dunkelheit aus dir geformt hat.

Und vergiss nie ... die ehrliche Welt will keine weißen Ritter und rosa Burgfräulein, sondern schmutzige Kriegerinnen und Krieger voll Narben und Geschichte ...

♥

Das ist das, was sie Leben nennen.

Während der goldene Apfel um sich selbst rotiert.
Volle Aschenbecher und leere Herzen.
Konstanter Lärm, um die Gedanken ruhig zu stellen.
Stille nicht mehr aushaltbar.
Streben nach dem neusten glitzernden Tand.
Viele Gespräche, ohne was zu sagen. Und alles nur aufs unsichere Selbst bezogen.
Kein Auge mehr, auf das, was neben einem lebt.
Starre tote Blicke auf Bildschirme und krankt der Mensch so an sich selbst.

Auch bin ich nicht besser.

Verloren in endloser sinnentleerter Unterhaltung. Während mein Sein sich stetig dagegen zu wehren versucht.

Ein Augenblick nur … einfach atmen. Innehalten und staunen.

So oft verlernt und eigentlich alles, was zählen sollte.
Eine Minute für einen neuen Gedanken, ein paar Sekunden für die Blumen am Wegesrand.
Erinnerungen die bleiben und nicht wieder und wieder ersetzbar sind.
Ein volles Herz und ein leerer Aschenbecher … das ist das, was ich gerne Leben nennen mag.

♥

Was ist Traum und was Realität?

Worte verschwimmen vor Müdigkeit, während Buchstaben tanzen, ob der allgegenwärtigen Schlaflosigkeit.

Melodien spielen in Slow Motion.

Gefallen in Bücher und den Weg heraus verloren.

Seite um Seite voller Wunder.

Was ist meine Wahrheit und was die Wirklichkeit.

Fließende Übergänge in den alltäglichen Fluchten vor der immer schneller ablaufenden Zeit. Während mein Luftschiff aus Gedankenkonstrukten langsam durch dunkle Wolken gleitet und am Horizont die Sonne untergeht.

Gab Stürme mit ohrenbetäubendem Regen und Tage voll Ruhe.

Und so fülle ich Zeile um Zeile mein Leben.

In schwarzer Tinte doch buntesten Bildern.

Dann wird der Traum zur Realität und die Realität zu meinem Traum.

Liebe verbindet uns, verbindet Menschen, verbindet Ethnien, verbindet Religionen, verbindet Seelen.
Knüpft starke Bande und lässt Leben gedeihen.

Hass zerstört nur.
Führt zu Angst und Abschottung.
Zu Leid und Schmerz.
Ein ewiger Kampf, der uns zerreißt.
Und jeder muss seinen Platz wählen.

Gerade in Zeiten wie diesen, in denen der Hass zu gewinnen scheint.

Denn es liegt an jedem von uns, der Welt zu zeigen, dass die Liebe stärker ist.
An uns die Waagschale auszugleichen.

Ohne Liebe bedeutet nichts etwas.
Und nur der Tod erwartet uns.

Wenn alles brennt und Asche über dem Land liegt.

Das soll nicht meine Welt sein ... das soll nicht unsere Welt sein.

Und wir sollten alles dafür tun. Endlich ein Kampf, der es wert ist.

♥

Leiernde Kassetten aufgenommen voll jugendlichem Leichtsinn und dem schamhaften Versuch, Gefühle auszudrücken, die man gerade erst entdeckt hat.

Voll von Liedern, deren Verse man mit jeder Faser seines Herzens gespürt hat und sich endlich verstanden fühlte.

Gebrannte silberne Scheiben gefüllt mit Melodien, um Empfindungen zu schenken, für die man immer noch keine Worte fand.

Verschenkt als Sinnbild der Hoffnung auf Zweisamkeit.

Ein Video geteilt in dem Wunsch das es nur die eine Person sieht und es genauso empfindet.
Nur für sie in die Weite der Daten gestellt. Aus Mangel an Mut, das Gespräch zu suchen, und es hat trotzdem sie immer erreicht.

Zeiten ändern sich ... Menschen ändern sich ... doch die Romantik der Musik bleibt immer bestehen.

Dieselben Lieder ... andere Form.

Wenn Worte nicht ausreichen oder jemand anderes sie besser nutzen konnte. Wenn Angst und Unsicherheit übermächtig waren.

Ein Zeichen der Liebe und eine Sprache, die jeder versteht.

♥

Ertrinkst du heute in Wünschen und Träumen.
Sehnsüchtig nach dem, was dein Herz begehrt.

Nach deinem bisschen Glück.
Verloren im Alltag und Grau der Tage.

Was nahm dir die Welt?

So viel zu sehen, zu lernen, zu erfahren. Dort draußen in der Weite.

Willst wachsen als Mensch.
Nicht immer nur funktionieren.

Sich verlieren im Leben.
Die kleinen Dinge genießen und vor den Großen dir ungläubig die Augen reiben.

Ein ganzes Universum gilt es zu entdecken.
Und die Straße beginnt direkt vor deiner Tür.

♥

Sie fürchten, was sie nicht verstehen.
Fürchten alles, was anders ist als sie.

Vergraben sich in ihren Mauern und schließen Fenster und Türen zu ihren Herzen.

Möge doch bitte nichts ihre kleine Welt erschüttern.

Sie kennen den Wert von Öl und Stahl, träumen von Reichtum aus buntem Papier oder Nullen und Einsen und haben den Wert sauberer Luft vergessen.

Vergessen wie es ist, barfuß über eine Wiese nach einem Sommerregen zu tanzen.

Suchen ihre Gefährten nur nach Wert und Status aus und haben verlernt, sich wirklich zu verlieben.

Ein Trauerspiel aus Illusion, Habgier und Neid.
In grauer Welt ... doch sind wir hier und sehen die Sterne und den Regenbogen.
Freuen uns über die Blumen an Wegesrand und nehmen uns die Zeit dafür.

Dort, wo die wahre Magie zu finden ist ... und niemals verloren gehen wird.
Realität erschaffen aus Träumen, die jede Mauer überwinden können.

Und einsperren hat bei uns noch nie gut funktioniert ...

Ich habe immer die Dunkelheit gesucht.
War immer auf der Reise durch die Gefilde der Monster.

Sah Schmerz und Qual in den Herzen der Menschen und fühlte diesen.

Bin tiefer in Abgründe gestiegen, als sich die meisten jemals trauen würden.

Nehme gebrochene Seelen, gebe ihnen Raum und höre ihnen zu.

Versuche, ein wenig Licht zu geben, obwohl in mir doch auch so viel Finsternis zu finden ist und diese so oft die Überhand gewinnt.

Die Faszination des Abweichens von der Norm liegt mir im Blut, wenn das Normale doch so unbedeutend ist.

Immer am Rande des Wahnsinns und dem Erträglichen.

Doch dies ist meine Welt, in die ich gehöre.

Immer auf der Suche nach der Dunkelheit ... um mich selbst zu finden ... und ich weiß hier bin ich nicht allein.

Hier sind wir nicht allein ... und genauso wie wir sein sollen.

In unserer unperfekten verdrehten Schönheit ... am Rande des Universums.

♥

Du hast auf mich geblutet ... aus jeder deiner
Wunden, die die Welt dir zugefügt hat.
Und jeder Tropfen schuf eine Narbe in meiner Seele,
in meinem Herzen.

All das Leid und den Schmerz der Vergangenheit hast
du auf meine Schultern gelegt.
Und ich trug alles ... bis ich so verbogen war, dass ich
fast zerbrach.

Schien ich doch immer stark und nicht verwundbar,
doch bin ich so oft in deiner Dunkelheit ertrunken.

Keinen bösen Wille unterstelle ich dir ... suchtest
doch nur jemanden, der es aushalten konnte, damit
es fern von dir sein mochte.
Tag um Tag ... und ich konnte nicht gehen, konnte
nicht fliehen.

Und so wurden es tausende von Narben ... doch ich
bin noch hier. Ich bin verdammt nochmal noch hier.

Trage die Zeichen mit Stolz und werde nie aufhören
mit den Dämonen zu kämpfen, die du in mich
gepflanzt hast und mit denen die schon da waren.

Ich bin noch hier ... denn ich bin kein Opfer.
Ich bin Überlebender ... und nichts auf der Welt
vermag mich zu brechen.

♥

Alles ist stetig im Wandel. Zerfließt und formt sich neu.
Bildet Strukturen und überrennt die Stabilität.

Wahrheit wird zu Erinnerung und ändert permanent die Farbe. Ein Fluss der Evolution des menschlichen Geistes und der sozialen Moral.

Das Gesicht im Spiegel kann morgen der Feind sein. Das führt zu Haltlosigkeit führt zu Angst führt zu reaktionärem Gedankengut.

Virtuelle Hexenverfolgungen.

Doch die Maschinenstürmer sind längst tot und begraben. Das Durchschneiden der Kabel bringt nur mehr Kabel.

Du musst diese für dich umstecken, dein eigenes Bild schaffen. Ohne Angst vor Veränderung, ohne Angst vor Neuem.

Du musst zum Architekten deiner Realität werden. Sonst erschaffen und formen sie ihre Welt, der du nicht mehr entkommen kannst.

Dann warst du gestern noch Primekunde und bist morgen der Primebürger. Und plötzlich betest du zu Neonjesus auf deinem Microbildschirm.

Diese Tür ist rot … wenn du es glaubst und wenn es sich für dich richtig anfühlt …

Der Himmel weint bitterliche Tränen aus der
Dunkelheit.

Weint für jedes gebrochene Herz,
für jede einsame Seele, die sehnsuchtsvoll nach ein
wenig Wärme dürstet,
für jeden voll mit unerklärlicher Traurigkeit,
für jeden der die Musik nicht mehr hören kann,
für jeden der sich ausgestoßen oder abstoßend fühlt,
für alle, die viel zu viel fühlen
oder auch überhaupt nichts,
für die, die sich in düsteren Gedanken verloren haben,
für all den Schmerz in der Welt und all das unsägliche
Leid, für die Liebe die jeden Tag kämpfen muss,
für jeden der am liebsten aufgeben würde
und für alle, die gerade nur in die Schwärze starren ...

Heute Nacht weint der Himmel bitterliche Tränen nur
für uns ...

♥

So viele Fragen und keine Antworten.
So viele Fragen und niemand den man fragen kann.

Jeder ist nur noch gefüttert mit Halbwahrheiten und Unwahrheiten, beharrt aber darauf, die einzige ultimative Wahrheit zu kennen.

Falsche Propheten überziehen die Gesellschaft, wohin man schaut.

Und plötzlich wechselt jeder fließend vom Fußballtrainer zum Wissenschaftler zum Politologen.

Nur noch Meinungen und kein Wissen.

Wo ist die Kultur der Debatte geblieben? Der Austausch von Argumenten? Der gepflegte Streit ohne Hass und Beleidigung?

Wenn jeder nur noch in seiner Blase agiert, kommt niemand voran.

Aber ich will wachsen, lernen, jeden Tag ein besserer Mensch werden, die Dinge verstehen und nachvollziehen können.

Doch überall nur noch Geschrei und Gezeter.

Nur noch schwarz und weiß und eine andere Meinung ist das Feindbild.

Gedanken eingemauert und zementiert.

Und ich bleibe zurück mit all den Fragen ... verzweifelt ob der Unmöglichkeit, Antworten zu erhalten ...

♥

Wirre Gedankenstrudel verwirbeln sich im Chaos aus Bild auf Bild auf Bild.

Fetzen aus Vergangenheit und Zukunft. Ohne Sinn und doch voller Sinnhaftigkeit.

Verschmelzen, ohne mir Antwort zu gewähren und ohne mich aufzufangen.

Treibend auf dem Strom der Tränen der Welt und nichts könnte mich kälter lassen.

Farben werden zu Formen werden zu Gefühlen.

Wahnsinn in seiner reinsten Art und doch in bitterer Klarheit.

Ich wünschte, ich würde meine Flügel wieder finden … um zu reisen mit den Raben.

Fern auf der Suche nach dem schönsten Sonnenuntergang …

Heute Nacht höre ich die Banshees heulen.
Das alte Lied von Tod und Vergessen.
Auf der Suche nach den verlorenen Seelen, die einsam und ohne Halt durch den Nebel wandeln. Sie begleiten sie nach Hause. Dorthin wo nichts mehr existiert ... nur der Kosmos.

So lausche ich ihrem Klagen und Flehen dort nicht weit entfernt. In den Zwischenwelten, die uns so oft verborgen. Und schicke meine Gedanken mit ihnen auf die Reise, dorthin wo Ruhe obsiegt.

Mögen sie mich noch ein wenig verweilen lassen auf diesem düsteren Land. Auf dass ich noch meine Bestimmung zu finden vermag. Doch bin ich mir ihrer in den Schatten immer bewusst ...

Dort wo kein sehendes Auge oder lebendes Herz hinzublicken wagt. Ans Ende der Straße ... ans Ende des Lichts ...

♥

Wenn alle gleich sind, ist dann der, der anders ist falsch?

Brauchen Menschen so dringend Führung? Warum fällt es so schwer, selbst zu denken? Selbst zu handeln.

Religion existiert nur aus dem Grund, dass an sie geglaubt wird.
In Zeiten der Angst sucht der Mensch Halt, weil er sich selbst keine geben kann.

Sind wir doch nur Herdentiere?
Muss es immer Blau gegen Rot sein?

Und Kant rotiert völlig chaotisch in seinem Grab.

Muss man einer Strömung folgen und was passiert mit denjenigen, die gegen die Strömung schwimmen?

Und Hass entsteht aus sich selbst ... aus der Angst.

Wer sind wir, dass wir uns im Recht wähnen, weil uns das Gesicht unserer Illusion von Wahrheit besser gefällt?

Und plötzlich ist der andere der Feind ... war er auch mal Familie.

Ich weigere mich, daran teilzunehmen ... wenn links zu rechts wird ... so will ich nach oben.

Abstreifend die alten Zwänge, die mit solch einer Macht unser Sein bestimmen.

Reaktionäres Gedankengut hat noch nie eine Welt vorangetrieben.

Ich ändere die Regeln ... spiele nicht mehr mit.
Das ist nicht meine Existenz.

Und wenn ich auch nur am Rande sitze und die Welt in Flammen sehe.

Denn ich weigere mich, nicht mehr an die Liebe zu glauben ... ich werde nicht den Hass für mich gewinnen lassen ... und hoffe, dass es einige Gleichgesinnte dort draußen gibt.

Dort wo so viel Dunkelheit herrscht ... in Zeiten der Zwietracht ... in verlorenen Zeiten ... wo doch die Liebe so sehr gebraucht würde ...

So können sie dich nicht verstehen, egal wie oft du dich erklärst ... bis irgendwann das Schweigen auf beiden Seiten gewinnt.

So können sie dich nicht sehen, bleibt deine Seele hinter deiner Fassade verborgen. Aus Schutz und Müdigkeit.

So fühlen sie nicht das, was du fühlst, in diesem gewaltigen Spektrum. Bleibt alles nur flach und oberflächlich in deinen Augen.

So kämpfst du Tag für Tag für eine bessere Welt und rennst nur gegen Mauern. Denn dies ist die Welt geschaffen für sie.

So wirst du nie ein Teil ihrer Gesellschaft sein, immer am Rand, ob drüber oder drunter. Doch gräme dich nicht, denn du kannst Teil unserer sein ...

Ob du Angst hast vor Alpträumen oder Angst vor dem großen Nichts.
Ob du einsam bist oder allein unter Menschen.
Findest keine Ruhe, keinen Frieden in dir.

Sehnsuchtsvoll oder ausgebrannt.
Oder suchst du die Dunkelheit und die Stille?

So verbringen wir alle die Nacht zusammen ... weit entfernt und doch nah.
Doch verbunden. In den Gedanken und im Herzen.

♥

Revolutionäre Gedanken in alten Knochen.

Das Feuer im Herzen fast erloschen und erstickt durch die Kälte von Außen.

Menschen hassen Menschen.

Und beten nur noch zu Tand und schönem Schein.

Während die Welt aus allen Wunden blutet.

Schwarze Zeiten für die Träumer und Liebenden.

Wenn alle Last auf unseren Schultern liegt und die Veränderung so schwer.

Kein Ende des Schmerzes über das Leid in Sicht.

Und nur noch Worte gewidmet den Dingen, an die du mal geglaubt hast.

Hunderte von Eindrücken jede Sekunde.

Alle Gefühle zur selben Zeit.

Ertrunken in Bildern und Melodien, manche aus Erinnerungen gestrickt und manche erst Minuten alt.

Wie findest du Ruhe im Wirbel der Farben, wenn die Sehnsucht nach Schwarzweiß am größten ist.

Und der Kopf droht zu explodieren ob der Flut der Wörter.

Manchmal weiß man, dass man verrückt geworden ist und manchmal denkt man, man wird es gerade.

Wenn die Welt im Chaos über dich hereinbricht und nur noch die Dunkelheit Frieden bringt ...

♥

Das Autoradio immer ein bisschen zu laut, knacksende Boxen und knarzende Melodien ...

Bilder immer etwas zu bunt, zu schwarzweiß ...

Worte zu ehrlich oder zu viel schöner Schein einer Unterhaltung ohne Tiefgang ...

Auf der Suche nach Anerkennung in einer Welt voller Ablehnung ...

Eine Zigarette zu viel am Tag ... und viele in der Nacht ...

Die erfolglose Suche nach Gefühl, danach irgendwas zu fühlen ... und dann doch zu viele Gefühle ...

Drei Punkte am Satzende für die Dramatik ...

Kunst, um der Kunst willen oder einfach als Flucht vor den Gedanken ...

Die Wahrheit ist Poesie, doch die meisten Menschen hassen Gedichte ...

🖤

Heute Nacht jagst du den Sturm ... wild und ungezähmt, wie deine Träume einst waren.

Regen wie die Tränen, die niemand sehen darf.

Chaotisches fliegen die Blätter umher, so verworren wie deine Gedanken.

Der Lärm eine ohrenbetäubende Sinfonie ohne Takt und Ordnung.

Verängstigt sitzen die Menschen in ihren Häusern voll trügerischer Sicherheit.

Doch stehst du Auge in Auge mit den Gewalten der Natur.

Durchnässt, die Haare wild zerzaust doch ungebrochen.

Denn du spürst, dass manche Stürme Klarheit bringen, die Welt säubern und Ruhe in der Ferne versprechen.

Und du lebst ... das Jetzt in voller Realität, wo sonst nur Fragen sind.

Heute Nacht jagst du den Sturm und wirst ein Teil von ihm ... so wie er immer ein Teil von dir gewesen ist.

♥

Manche Menschen werden mit einer Dunkelheit geboren ... geformt aus Chaos in diese Welt der Ordnung gebracht. Es umgibt sie immer ein kleiner Hauch von Schatten oder ein wenig zu böser Schalk.

Wesen aus anderen Zeiten ... die gelernt haben, sich zu verstecken, anzupassen und zu funktionieren. Solange es geht ... soweit es geht.

Maske auf Maske auf Maske ... für jede Begegnung eine einzigartige. Und hunderte Geschichten könnte man über sie erzählen, über sie hören ... je nachdem, wen man fragt.

Doch keine ist wahr ... nur Illusion ... nur ein verzerrtes Spiegelbild des selbst. Denn die Wahrheit will keiner hören und keiner sehen ...

Eine Seele aus Melancholie geformt.

Viele Menschen suchen die Dunkelheit. Den makaberen Reiz des Verruchten. Ein wenig Geschmack von Blut auf der Zunge ... doch bleibt ihnen die Welt verborgen und wir nicht mehr als Zirkustiere. Oder doch nur Trophäen. Die ein lustiges Schauspiel auf der leeren Bühne aufführen dürfen.

So bleiben wir am Ende allein ... in unserer Zerrissenheit. In unserem Chaos. Spielen Würfel mit den Monstern um jeden Tag. Unverstanden und unvermögend, uns zu erklären. Oder einfach zu erschöpft ob den Wiederholungen …

Doch das ist die Wirklichkeit und sie braucht uns wohl. Ob als Antagonisten, schlechtes Beispiel oder romantisierte Vorstellung. Geboren aus Chaos, das immerfort in unseren Herzen tobt. Geboren aus Dunkelheit in einer Welt, die fahles Licht als höchstes Gut erhebt, damit ihre eigenen Schatten verblassen …

Und dann ist da diese Straße, die sich Leben nennt.

Manchmal kurvig und manchmal gerade.

Etwas abgenutzt mit der Zeit und häufig voller Schlaglöcher.

Es gibt Zeiten, da kannst du voller Geschwindigkeit fahren ... bist wie im Rausch.

Und dann sind dort die Tage, an denen du einfach den Weg genießt und der Wind warm und zärtlich deine Melodie spielt.

Oder auch Momente, an denen du rückwärts zu rollen scheinst.

Ab und zu nimmst du jemanden mit auf deine Reise ... als Inspiration, Unterhaltung oder in Liebe.

Doch meist sind dies nur flüchtige Begleiter und selten bleibt jemand auf dem Beifahrersitz.

Muss doch jeder seinen eigenen Pfad finden und bewältigen.

So warst auch du manchmal nur Beifahrer.

Das ist die Straße, die sich Leben nennt ... staubig, unruhig, mit Sonnenuntergängen und

Nebel. Und manchmal läuft Bob Dylan aus dem knarzenden Radio.

Es war immer so und es wird immer so sein.

Darum gräme dich nicht über die Schwierigkeiten und Schäden.

Nach der nächsten Kurve sind sie meist bereits vergessen ... und wertschätze die Gesellschaft ... du weißt nie, wann sie aussteigen wird.

Auf der Straße, die sich Leben nennt ...

Leere Straßen ...

Der Regen des Tages hängt neblig in der Luft.

Keine rechtschaffene Seele weilt noch nicht in ihrem Schlafgemach.

Nur ein paar einsame Herzen hängen ihren Gedanken nach.

Weit von einander entfernt.

Eine letzte Zigarette als Opfer an die Nacht.

Ein paar letzte Worte für das was war und das, was kommen wird.

Unausgesprochen im Geflecht zwischen Traum und Realität.

Noch ein wenig die kalte Luft auf der Haut spüren.

Bevor die Nacht mich in ihren Armen empfängt.

Mit ihren Wundern und Monstern.

So geb ich einen letzten guten Wunsch in die Welt.

Auf dass all die rastlosen Herzen da draußen etwas Ruhe finden mögen.

Und der Lärm der Welt für ein paar Augenblicke verstummt.

♥

Wir kämpfen.

Wir bluten.

Wir tragen Narben davon, die unsere Geschichten erzählen.

Wir stehen jeden Morgen dennoch auf.

Wir tragen Dämonen in uns als treue Begleiter.

Wir zweifeln, aber verzweifeln nicht.

Wir haben die Herzen von Poeten.

Wir gehen die schwersten Wege allein.

Wir sehen fühlend die Magie um uns herum.

Wir sind nicht greifbar, nicht zu verstehen.

Wir leben unter euch, doch ein Teil von euch werden wir nie.

Wir fühlen jede Emotion in ihrer Gewaltigkeit.

Wir lagen so oft am Boden.

Wir sind nie liegen geblieben.

Wir kämpfen. Wir bluten. Wir überleben.

♥

So fühlst du deinen Weg als dunkel und voller Dornen. Steinige Straßen und du läufst ohne Schuhe. Keine Hoffnung in den Augen und keine Leichtigkeit im Herzen. Die Sterne bieten nur fahles Licht und Schwermut ist dein einziger Begleiter.

Ewig auf der Suche nach etwas, das du nicht einmal kennst. Etwas, was die Leere füllt und die Asche aus deinem Mund spült. Sehnsüchtig nach Illusionen, die sich in dir gefestigt haben. Trugbilder und schöner Schein.

Doch brauchst du nur Wahrheit. Nichts von dem wird dich erfüllen. Denn dein Weg ist nicht der von anderen. Das, was sie glücklich zu machen scheint, kann für dich genauso bedeutungslos sein. Lass los … lass die Ketten fallen, die du selbst um dich gelegt hast.

Tanze wenn dir nach Musik ist … liebe wen auch immer deine Seele begehrt und sei vor allen Dingen Du selbst. Lies die Bücher, die dich voranbringen und nicht die, die man gelesen haben muss. Du musst gar nichts … nur versuchen, glücklich zu sein. Wie auch immer das für dich aussieht.

Ein gefangener Vogel verlernt das Fliegen … sei der Käfig auch noch so golden. Sei frei … denn am Ende zählt nichts anderes.

Was wäre die Welt für ein grauer Ort ohne Wunder, ohne Magie.

Die farbenfrohe Auferstehung des Frühlings nach einem langen harten Winter.

Die sanfte kühle Luft in der Nacht.

Das Lächeln eines Fremden an einem traurigen Tag.

Das erste Spüren einer neuen Melodie, die das Herz im Innersten trifft.

Ein Gedanke in voller Liebe an einen Moment in der Erinnerung.

Ein paar Zeilen voll ehrlicher Worte, die deinen Verstand erwärmen.

All diese Wunder, all diese Magie ... sie umgibt dich Tag um Tag und du musst sie nur zulassen.

Wer immer mit verschlossener Seele über seine Straßen wandelt wird blind bleiben ... so nimm dir den Augenblick am Wegesrand und bestaune die Blumen.

Lass das Kind in dir, mit den wachen Augen, nicht verblassen.

Glaub mir, erst dann wirst du Leben verstehen ...

♥

So viele Gedanken eingeschlossen in Käfige. Emotionen vergraben, um nicht verletzt zu werden. Beleidigungen ohne Gegenwehr wurden zu Narben auf der Seele. Und ewig quälend die Frage nach dem, was wäre wenn?

Wenn dir heute jemand sagt, dass du sterben wirst, was würdest du ändern? Was würdest du noch loswerden wollen? Es gäbe nichts zu verlieren … und nun bedenke, dass es eines Tages Wahrheit wird … also was hast du zu verlieren?

Sag ihr oder ihm, dass du verliebt bist. Sag der Menschheit, dass du mehr wert bist. Die Last auf deinen Schultern trägst du freiwillig und das Buch mit Ungesagtem wird schwerer und schwerer.

Manche Dinge kann man nicht mehr sagen … den der, der es hören müsste, ist nicht mehr in deiner Welt. Und diese Last bleibt dir auf immer.

Lass nicht mehr so viele dazu kommen. Eine Ablehnung zu spüren ist nur kurz schmerzhaft und bleibt ohne Bestand. Was hättest du gewinnen können? Was hast du zu verlieren?

♥

Du denkst, du bist nicht perfekt ... hast Narben oder ein paar Kilo zu viel oder zu wenig. Kannst dich im Spiegel nur an guten Tagen ertragen. Bist vielleicht für dich zu groß oder zu klein.

Irgendwas findest du immer.

Und scrollst dich stundenlang durch die geschönte Bilderwelt anderer. Voll Zweifel und Unsicherheit. Gequält von der Illusion, die dir in den Kopf gesetzt wurde.

Hast vielleicht böse Worte erlebt, die du nicht vergessen kannst ...

Doch glaube mir, die richtigen Menschen sehen dich ... in all ihrer unvollkommenen Schönheit. Lesen die Narben wie Geschichten, die auf deinen Körper geschrieben wurden.

Und deine Seele lässt alles scheinen, was du selbst nicht sehen kannst.

Sie sagen, Kunst liegt im Auge des Betrachters und so einfach dieser Satz, so wahr ist er. Darum gräme dich nicht über Ideale, die nur gelogen sind.

Du bist was Besonderes und genau richtig.
Und glaub mir ... das ist wirklich so.

♥

Gedankenverloren zwischen Leuchtreklamen.
Kopfschmerz, ob des Lärms der Welt des vergangenen Tages.
Alles scheint nur noch zusammengehalten durch Hass und Zynismus.
Worte schwer wie Blei wabern durch den kleinen Kosmos, der uns bekannt ist.
Während verzerrte Fratzen uns Wahrheiten entgegen schreien.
Kann keinen klaren Kopf mehr finden.
Abgestürzt in Fragen, auf die ich keine Antwort fühle.
Taumelnd zwischen Sinn und Unsinn und doch gewinnt fast immer Letzterer.
Wo ist die Leichtigkeit des Seins, des Miteinander geblieben?
Oder gab es sie nie und Täuschung war in allen Bildern?
Heute ist keine Antwort zu ergründen und vielleicht soll es für mich immer so sein.
Möge doch nur die Musik wieder spielen.
Euch Allen eine geruhsame Nacht.
Fern von Alpträumen und Schlaflosigkeit.
Ich wünschte, sie wäre auch mir vergönnt ...

♥

So werden einige Seelen geboren mit einer Traurigkeit, die nicht zu fassen ist und nicht zu erklären, eine Traurigkeit, die aber immer da ist ... wie ein Schatten ohne Sonne.

Wir funktionieren, wir leben unter euch ... doch sind wir nie wirklich ein Teil der Masse. Können lachen, tanzen, lieben und angenehme Gesellschaft sein ... doch immer sitzt die Dunkelheit mit am Tisch. Und Gedanken wandeln am Abgrund.

Wir leben damit, ja nutzen sie. Erschaffen unsere eigene Kunst mit der Melancholie als Muse. Fühlen uns oft als Ausgestoßene, als Tiere im Schaukasten.

Machen euch Angst ... denn der Mensch hat Angst vor dem, was er nicht versteht, und so ziehen wir uns zurück. Zurück in Bücher, Musik, Kunst und Poesie, denn dort werden wir verstanden. Werden wir gefunden und sind nicht allein damit ...

Manche Herzen werden mit einer Traurigkeit geboren ... doch ist sie ein Teil von uns. Und immer sagt der Mond ... du musst nicht perfekt sein, um zu scheinen, und auf Scherben bricht sich das Licht am schönsten.

Drum bleibt besonders ... und nehmt sie an. Wer ohne Dämon lebt, kann auch die Engel nicht sehen. Und das Leben wäre so langweilig ohne uns ...

♥

Selbst aus Dunkelheit kannst du Farben erschaffen. Aus Schmerz Kunst entstehen lassen. Leere in Bedeutung wandeln. Und aus dem Abgrund heraus Liebe in die Welt senden.

Jedes Sein hat immer zwei Seiten und denkst du auch, du bist nichts als wertloser Ballast, kannst du für jemand anderen das goldene Himmelreich sein.

Wer nur in Tunneln sieht, verpasst die Aussicht auf dem Gipfel. Und fühlst du dich auch einsam und verlassen von der Welt so sei Dir gewiss es ist nur dieser Augenblick. Die Zeiten im Wandel sind immer bereit, dich mitzureißen, und das Schicksal lacht über deine Pläne. Was hält dich auf mit ihm zu lachen?

Nur die Gesamtheit ergibt ein Bild. Ausschnitte täuschen und führen dich in die Irre und manchmal den Wahnsinn.

Hör auf, zu suchen nach etwas, was du glaubst zu brauchen ... zu wollen. Lass dich fließen und hab ein wenig Vertrauen ins Universum. Am Ende ist alles sowieso nur ein großer Witz auf unsere Kosten. Warum nehmen wir uns dann so ernst?

Den ursprünglichen Gedanken hab ich verloren im Wirrwarr des Verstandes. Fast schon ironisch, ob der Worte. Pendelnd zwischen den Zeilen. Darum bleibt mir nur zu sagen ... alles wird gut ... irgendwie. Und wenn nicht ... dann sollte es wenigstens eine spannende Reise sein. Voll Kunst, Liebe und traumhaften Aussichten von all den bezwungenen Gipfeln ...

♥

Wie beschreibt man ein Gefühl, das niemand versteht?
Wie erklärt man Gedanken, die man selbst nicht in Worte fassen kann?

Abseits der Norm in einer Welt, in der nur der zählt, der funktioniert. Was sagt man jemandem, der es gut meint, aber nur falsche Ratschläge geben kann?
Wenn niemand die Asche sieht, die durch deine Adern fließt.
Wenn Kleinigkeiten zu Mammutaufgaben werden und Berge bis zum Himmel auf deinem Weg scheinen?

Du erklärst es nicht ... du baust Mauern und spielst das Spiel nur mit dir selbst.
Würfeln um Emotionen und am Ende kannst du nur verlieren.
Jeder kämpft für sich allein.
Bis Aufgeben eine akzeptable Lösung scheint ...

Doch bist du nicht allein ... da draußen sind viele, die dich verstehen.
Glaub mir ... denn ich dachte genauso.
Konnte ich doch nicht sehen.
Aber wir sind hier ... und wir teilen.
Das Stück was du uns sehen lässt.
Und es sind unzählige ... dort im grauen Alltag.
Kinder der Nacht ... voll Empathie, Schmerz und Liebe.
Und so muss niemand alleine bleiben ... denn es gibt mehr von uns, als man sich vorstellen kann.
Hier und überall ...

Der metallische Geruch von Blut ... es gibt keine Helden mehr, keine Götter in diesen Zeiten. Maschinenwesen voll Illusion von Menschlichkeit. Der Algorithmus lernt ... jede Bewegung kartographiert, jeder Gedanke gespeichert, jeder Wunsch bis zum Erbrechen ausgespielt ... bis er erfüllt oder voll Abscheu vergessen ist.

Gefangen im Gewirr aus Kabeln, die aus Köpfen kommen. Umgesteckt je nach Bedarf. Ablenkung durch Bilder im Sekundentakt. Eingehüllt in die Welt, die der Computer für uns als richtig erachtet.

Verloren die eigenen Gedanken im berechneten Labyrinth, das Freiheit suggeriert doch nur einen Weg möglich macht.

Magie ersetzt durch zwei Zahlen ... die unabdingbar weiterlaufen und sich ständig neu zusammensetzen. Was hast du heute gegessen? Mach doch ein Foto und zeig es all deinen Kontakten mit ähnlichen Interessen. Dann sagen wir dir, was du morgen essen willst, und die passenden Einkaufsmöglichkeiten findest du hier.

Schau nur nicht hinter den Vorhang. Es gibt dort nichts zu sehen. Und eigentlich geht es dir doch gut so ... zufrieden gestellt mit neustem Schnickschnack ... bis die nächste Werbung kommt. Der nächste Bedarf ermittelt und eingepflanzt wurde. Und nicht vergessen ... wir haben auch noch den perfekten Partner für dich. Du musst nicht suchen ... und ja nicht wirklich fühlen. Die Maschine weiß es schließlich besser und alle anderen können nicht irren ... und so beteten sie zu den kleinen Bildschirmen in ihren Händen, hörten auf die sanfte Stimme in ihren Wohnzimmern. Und Schritt für Schritt vergaßen sie sich selbst.

Deus ex machina 🖤

Und plötzlich merkst du, dass du dich verändert hast. Nicht sprunghaft, sondern langsam und stetig. Kaum merkbar zuerst, doch irgendwann wird dir klar, dass sich alles gewandelt hat. Knoten im Kopf plötzlich gelöst und einzelne Fäden konnten neue Geflechte der Verhaltensweisen bilden. Träume und Wünsche der Vergangenheit sind nicht mehr wichtig und du vergibst dir deine Sünden.

Was verschwommen war, ist plötzlich klar und deutlich. Alles Alte abgestreift. Du musstest dir nur Zeit geben ... wenn Geduld doch so schwer ist. Und Zeit so kostbar. Die alten Schlachtfelder versinken im Nebel der Erinnerung und alles, was so wichtig war ist bedeutungslos. Ohne Zwang geschah das, was so unendlich schwer erschien.

Dann genießt du eine regnerische Nacht und erkennst, du bist ein anderer Mensch. Und plötzlich merkst du, dass du dich verändert hast ... dann herrscht Ruhe für einen Augenblick.

♥

Lass dich fallen ins Universum.

Begleite mich ein Stück auf dem Fluss durch die Ewigkeit.

Wenn Sterne dich wirbelnd tanzend umspielen und die Nacht in ihrer Vollkommenheit nie zu Ende scheint.

Eine Reise voll leiser Musik die fern scheint und doch aus unseren Herzen dringt.

An ferne Orte der Sehnsucht, die wir nie kannten und die deine Sinne tiefer berühren als die Vergangenheit es jemals konnte.

Ein Traum voll unsagbarer Schönheit und lang vermisster Ruhe.

Während du durch das tiefe Blau des ewigen Meeres schwimmst.

Dort wo Seelen schmelzen und sich voll Glück verlieren.

In der Unendlichkeit ...

♥

Zwei Seelen ...
Der strahlende Schausteller auf illusionärer Bühne und das verängstigte Kind.

Viel zu viel Gefühl und nichts zu fühlen.

Schwarz und Weiß auf der Leinwand ohne Berührungspunkte.

Licht und Schatten.
Im ewigen Kampf der Extreme.

Kein Konsens möglich und kein friedvolles Auskommen.

Unergründlich und scheinbar so gut zu durchschauen.

Nicht greifbar und doch immer irgendwie präsent.

Voller Liebe und doch voll Abscheu auf die Welt.

Zerrissen zwischen den Welten der Existenz ...
bis mein Verstand zerbricht und endlich zwei vollständige Wesen entstehen können.

♥

Ich verstehe die Welt nicht. Ich verstehe nicht, wo all der Hass herkommt. All der Hass auf das was „anders" ist als das, was man selbst glaubt zu sein. Hass auf die queere Community, Hass auf Menschen mit anderer Hautfarbe, Hass auf Menschen, die im falschen Körper geboren worden, Hass auf Frauen im generellen, Hass auf Menschen mit anderer Meinung, Hass auf so viel ... überall nur noch Hass.

Ich kann mir persönlich gar nicht ausmalen, wie es ist mit diesen Anfeindungen und Abscheulichkeiten jeden Tag umzugehen, die leider so alltäglich für viele Menschen sind und es beschämt mich. Warum sind Menschen so sehr stolz auf etwas, wofür sie nichts geleistet haben? Ich habe nichts dazu geleistet ein weißer heterosexueller Mann zu sein ... überhaupt nichts, das wurde mir so in die Wiege gelegt. Jeder Mensch wird so geboren, wie er ist, und hat dazu erstmal überhaupt nichts getan. Oder musste ich in Gottes Suppentopf mit einer anderen Seele in einer Arena kämpfen und die Seele, die verloren hat, ist jetzt als Mädchen in Afghanistan geboren worden? Hab ich da was nicht mitbekommen? Also warum sollte ich stolz darauf sein? Warum sind Menschen nicht stolz darauf, gute Menschen zu sein? Nein, das zählt wieder nicht ...

Und warum fühlen sich Menschen von allem und jedem bedroht? Mir ist es doch völlig egal, ob zwei Frauen heiraten oder zwei Männer. Das hat doch überhaupt gar keinen Einfluss auf mein Leben. Warum sollte mir das Angst machen? Auch hier hab ich was verpasst und jetzt kommt jemand, hält mir eine Pistole an die Schläfe und zwingt mich, einen anderen Mann zu heiraten? Passiert das irgendwo?

Also warum kann ich nicht einfach nur froh sein, wenn Menschen Menschen lieben ... Hauptsache sie lieben und werden geliebt.

Dann immer die Argumente mit Gott ... „Gott verurteilt das. So steht es in der Bibel." Echt jetzt? Mal ganz davon abgesehen, dass die Bibel von alten weißen Männern geschrieben worden ist und die ihre Darstellung der Welt präsentieren, ist das doch ein völlig unlogisches Argument. Wenn ich jetzt davon ausgehe, dass eine Art Entität als göttliches Wesen existiert, dann hat es uns doch alle geschaffen. Warum sollte also dieses Wesen, Menschen erschaffen, die es danach verurteilt? Wieso? Und der Gott, mit dem ich aufgewachsen bin, ist sowieso immer wütend. Da brauchst du nur falsch zu atmen und schon bist du in der Hölle, egal wie du aussiehst oder wen du liebst ... aber das ist eine andere Geschichte.

Warum können Menschen nicht andere Menschen einfach mal in Ruhe lassen? Warum muss ich mich einmischen? Ich bin mein ganzes Leben echt gut damit gefahren, Menschen zu beurteilen, wie sie mit mir umgehen. Wenn Du ein Arschloch bist, bist du ein Arschloch. Wenn Du cool bist, bist du cool. Alles andere ist mir doch echt egal. Ich würde mich noch nicht mal als Ally bezeichnen, das steht mir nicht zu. Aber verdammt nochmal, lasst doch jeden Menschen so leben wie er will. Das bedeutet Freiheit. Jegliche Unterdrückung eines anderen Lebewesens zeigt nur die eigene Schwäche und Unzulänglichkeit. Und Hass kann immer nur zerstören ...
Ich verstehe die Welt einfach nicht ... ich verstehe die Menschen einfach nicht. Was würden wir alles erschaffen

können, wenn man sich einfach mal gegenseitig in Ruhe lässt ... sich nicht einmischt in das Leben anderer. Und einfach mal, scheiße echt jetzt, NETT zueinander ist ... Warum ist das nicht möglich ... was hat die Welt denn zu verlieren? Schlimmer als jetzt geht es ja kaum noch ... und die guten Menschen verbrauchen ihre Kraft im täglichen Kampf, bis irgendwann keine Kraft mehr da ist. Nur noch Erschöpfung ... Was wirklich Großes kann nur in Zusammenarbeit funktionieren. Aber all der Hass und die Zwietracht nehmen der Welt die Lebenskraft ... ich verstehe es einfach nicht ...

Keine Ahnung ... ich werde die Welt nicht ändern ... aber damit zu leben und es einfach so stillschweigend hinzunehmen kann ich nicht mehr. Wir brauchen mehr Liebe ... Zusammenhalt ... Menschlichkeit ... für eine andere Welt ... eine hoffentlich bessere ... und ich bin bereit dazu. Es müssen sich nur genügend finden.

Ein langer Text ... Gedanken, die raus mussten ... sonst explodiert mein Kopf ...

Passt auf euch auf da draußen ... ich geh jetzt weiter meinen Kopf gegen die Wand schlagen vor Unverständnis ... Friede und Liebe für alle und jeden! So schwer kann es doch nicht sein!

♥

Wenn du die Musik aufdrehst, werden die Gedanken leise.

All der Schmerz und die Trauer geraten in den Hintergrund und für ein paar Momente verstummt die Welt da draußen.

Du spürst nur die Töne und Zeilen in ihrer überwältigenden Gewaltigkeit.

Die Zeit hört auf zu laufen und du fühlst.

Reinigst deine Seele von dem Schmutz, der dich belastet.
Und gewinnst Kraft für den nächsten Kampf ... für die nächsten Stunden.

Musik rüttelt dich wach und holt dich weg vom Abgrund.
Es gibt kaum eine Macht größer als das.

Denn sie trifft dich ins Herz und du merkst, dass du lebst ...

♥

Der Regen prasselt gegen die Scheiben ... singt sein melancholisches Lied. Du liegst wach und starrst in die Schwärze.
Aus jeder Ecke scheinen dich die Monster zu rufen. Geister aus der Vergangenheit, die niemals fortgingen. Eine weitere Nacht auf der Suche nach Erholung, welche so fernliegt.
Gefangen im Gedankenstrudel ... welch Sünden du begangen, welch Sünden dir angetan worden. Ohne Halt und ohne Wärme ... liegst da und denkst an Menschen, die dich längst vergessen haben.
Verlorenes Kind voll Einsamkeit. Sehnsüchtig nach Trost. Und die Minuten vergehen ... fühlen sich an wie Stunden und rasen doch gen Morgenrot.

Warum quälst du dich so? Was brennt dir auf der Seele? Welch Last liegt dir auf dem Herzen?
Schon so lange ...

Ich weiß es sagt sich einfach, doch scheint es schwer. Schick die Gedanken in die Nacht ... auf das wir sie mit dir tragen. Und du ein wenig Frieden findest. Lausche nur dem Singen des Regens und du wirst fühlen, du bist nicht allein. Denn jeder von uns ist ein Regentropfen auf dem Asphalt und wir begleiten dich durch Dunkelheit ...

♥

Wer stellt heutzutage noch die richtigen Fragen? Will hinter die Mauern sehen, die jeder um sich herum gebaut hat? Wann hast du zuletzt versucht, die wahre Seele eines Menschen zu ergründen? Um rauszufinden, ob dieser gut oder schlecht für dich ist?

Wer traut sich heutzutage noch, die richtigen Fragen zu beantworten? Niemand darf verletzlich sein. Ich als Mann schon mal gar nicht.

Wann ging zuletzt ein Gespräch so tief, dass es weh tat? Wo sind die Nächte voller Austausch geblieben?

Alles blubbert nur noch an der Oberfläche und bleibt verschwommen. Kaum jemand öffnet sich noch dem anderen, dieser könnte ja die Schwäche ausnutzen.

Welch wunderbare Geschichten wir verpassen. Welch Magie uns verloren geht. Wenn niemand mehr den anderen sehen will, ist niemand mehr wichtig ... nur noch das Ego. Und Mensch lebt nur noch neben Mensch und nicht mehr mit ihm.

Wenn alle am Tisch nur noch auf Bildschirme starren ... welche Bedeutung hat dann noch Zusammenkunft?

Zu dieser Welt will ich nicht gehören ... ich will die Trauer und die Liebe spüren. Erzähl mir deine Träume und ich erzähle dir meine. Bis der Morgen graut ... und jeder ein Stück des Weges des anderen gegangen ist. Lass mich Leben fühlen durch deine Augen.

Man wächst nur an den Erzählungen und Erfahrungen anderer. Doch diese müssen wahr und tiefgründig sein ...

So lasst uns Mauern einreißen ... auch auf die Gefahr verletzt zu werden. Bedenke immer ... wer Narben hat, hat auch was zu erzählen ...

Menschen, die alleine sind, sind unglücklich.

Menschen, die in Beziehungen sind, sind unglücklich.

Jugendliche sind unglücklich, weil sie erwachsen sein wollen.

Erwachsene sind unglücklich, weil sie die Jugend vermissen.

Der Arbeitslose ist unglücklich, weil er keine Arbeit hat.

Der, der Arbeit hat, ist unglücklich, weil er seinen Job hasst und nur auf die Rente wartet.

Der Arme ist unglücklich, weil er arm ist, und der Reiche ist unglücklich, weil ihn seine Seele quält.

Und währenddessen ... ungeachtet des ganzen Unglücklichseins ... dreht die Welt sich weiter.

Jetzt mal ehrlich ... was ein beschissenes Konzept ...

♥

Ein Herz als Fels in der Brandung.
Als sicherer Hafen nach endloser Reise voll zerbrochener Träume.
Der Sturm prägt dich ... verändert dich.
Zerpflückt dich in tausende Teile und nur das rettende Ufer, die rettende Insel kann dich wieder zusammensetzen.
Besser als zuvor.
Solang im Krieg mit den Gedanken im Angesicht des Abgrundes.
Und nur der Wunsch nach einem Moment der Stille und Ruhe.
Der Kampf wird nie zu Ende gehen, doch jeder Krieger braucht einen Ort der Heilung.
Kraft zu gewinnen ... um nicht aufzugeben.
Und niemals einen weiteren Tanz mit den Dämonen.
Kein weiteres Blutvergießen ... sondern eine Heimat.
Um seinen müden Kopf zu betten und am nächsten Tag die Waffen wieder aufnehmen zu können ... im Kampf gegen sich selbst und die Welt, die so grausam sein kann.
Und manchmal so wunderschön.

♥

Unsere Generation wurde geprägt durch Wandel und Veränderung. Geformt durch eine immer schneller und lauter werdende Zeit.
Ich bin ohne Handy aufgewachsen, wir hatten selbst kein normales Telefon, bis ich so neun war. Alles hat sich immer bewegt und heute schien nichts mehr normal, was gestern noch galt.
Verdammt, ich hab dann auch einen kompletten Zusammenbruch eines Systems mal so eben weggesteckt. Als ob jemand einen Schalter betätigt hätte ... von Schwarzweiß zu Bunt.
Nichts war mehr richtig, was vorher uns so lange eingeprägt, ja eingeprügelt worden ist.

Wir sind aufgewachsen mit Nirvana, Rage Against the Machine und allen Varianten der Subkulturen, die es plötzlich gab.
Mit Computern und Videospielen. Und einer Elterngeneration, die uns nicht verstanden hat ... Wie hätten wir eine vernünftige Identität aufbauen sollen? Wenn alles immer nur in Bewegung war. Es gab keine festen Strukturen wie früher. Jeder musste sich selbst definieren.

Unsere Generation hat die existenzielle Krise erst erfunden und wir stecken bis heute in ihr. Es ist immer noch das Ende der Welt und es geht uns gut damit?

Ganz ehrlich ... wer von euch fühlt sich wirklich erwachsen? Wirklich angekommen im Leben?

Und so stehen wir heute mehr denn je am Abgrund und zweifeln Tag um Tag an uns selbst und an dem, was möglich wäre.
Vielleicht sollten wir langsam verstehen, dass es jetzt unsere Zeit ist, das Mammut zu jagen ... dass niemand kommt, um uns zu helfen. Dass die vorherige Generation nichts mehr auf die Reihe bekommt, zeigt die Pandemie, die Strafe der Welt für vergangene Sünden an ihr, gerade mit dem Brennglas.
Und wir trudeln noch immer ...

Ich denke, es ist Zeit für eine Veränderung. Dass wir die Dinge in die Hand nehmen ... wirklich was bewegen ... um eine bessere Welt zu schaffen.
Aus alten Denkweisen ausbrechen. Über den Horizont zu denken und uns unser Leben zu holen, wie wir es verdient haben und nicht mehr nur teilnahmslos danebenzustehen und uns zu beschweren. Der Turbokapitalismus hat versagt ... der Sozialismus hat versagt ... über alles andere braucht man gar nicht sprechen ... es wäre an der Zeit was Neues zu schaffen.

Für eine wirkliche Veränderung ... für mehr Liebe, mehr Menschlichkeit ... eine gesunde Welt. Alle anderen hatten ihre Chance ...
wir sollten sie nutzen ... sonst wird es irgendwann zu spät sein ... aber was weiß ich schon ...

♥

Vielleicht ein Sonnenstrahl nach dem langen Winter,
vielleicht die Farben der Blätter im Herbst,
vielleicht ein Lächeln einer Fremden auf der Straße,
vielleicht ein nettes Wort,
vielleicht ein Kunstwerk, das die Gedanken für einen Augenblick an einen anderen Ort bringt,
vielleicht ... so viele kleine Dinge ergeben das große Ganze.

Halt die Augen auf und schau nicht immer nur zu Boden.
Selbst in der größten Dunkelheit funkeln die Sterne am hellsten.

♥

Wie kann man etwas töten, was so lange Teil von einem ist, ohne sich selbst zu verlieren?
Jahrelang hab ich es versucht ... selbst Betäubung hat sie nur leiser gestimmt, bevor sie mit voller Wucht mich wieder trafen.
Keine Ruhe war mir gegönnt.
Heute sperre ich sie ein in einem Käfig aus Worten, einem Gefängnis aus Sätzen.
Spucke sie auf Papier, wenn sie mich quälen, um frei von ihnen zu sein.
Ein bisschen Frieden, bis die Gedanken wieder aus dunklen Ecken starren ... doch ein wenig Freiheit.
Verwandle sie in meine Kunst, in mein Verständnis von Poesie.
Schicke sie raus in die Welt ... als etwas hoffentlich Schönes.
Mögen sie einer einsamen Seele da draußen Hoffnung spenden.
Einem traurigen Herzen ein Licht sein.
Ein Geschenk an jeden, der es braucht und der es annehmen will.
Mag aus meinem Schmerz etwas Wertvolles entstehen, ein Funken Bedeutung und ich kann eins mit ihnen bleiben.
Eins mit mir selbst bleiben ... heute mehr denn jemals zuvor.

♥

Eis überzog das Land, wo die Menschen sich doch so sehr nach Frühling sehnten. Ein letztes Aufbäumen des alternden Winters ... und die Menschen verkrochen sich ängstlich in ihre Häuser, zu elektrischem Feuer, gebaut aus Lehm und Holz, aus noch kälterem Stahl und grauem Beton. Verzagend ob der unendlichen Gewaltigkeit der Natur, die wir immer noch nicht zähmen konnten. Und eisig schnitt der Wind mit scharfer Klinge durch unsere Gedanken ...

Eine bleierne Trübsinnigkeit legte sich über die Herzen und auf die Schultern der gefangenen Seelen in selbsterbauten Käfigen. Nicht zu greifen, doch überall zu spüren. Und die Kräfte verließen sie Stück um Stück ... Tag um Tag. Verlernt haben wir zu überleben. Fett und faul durch angenommenes Verhalten und gebrochen unser Wille ...
der einst so stark unsere Ahnen beflügelte ...

So hält uns der Winter nur den Spiegel vor und Mutter Natur zeigt uns unsere Endlichkeit und Schwäche. Klein sind wir ... unbedeutend im Universum ... und es tut uns gut daran das wieder zu wissen ...
und ehrlich zu spüren ...

🖤

Das ist das Ding mit dem Zauber ... er bleibt immer flüchtig. Am Rande des Sichtbaren. Nur wer sehr aufmerksam in sich fühlt, kann ihn noch spüren. Ein Funken aus alten Zeiten, der seit Generationen durch unsere Adern fließt. Zeiten der alten Götter. Bilder von Gauklern und tanzenden Liebenden. Als Feuer noch ein Hauch von Magie war und wir verloren, ob der Unendlichkeit der Möglichkeit.

Als unser Schicksal noch von den drei Schwestern in goldenem Faden gesponnen wurde.

Doch niemand hat mehr Zeit in diesen Tagen.

Vergessen die Geschichten, die uns so viel bedeuteten und die gesungen wurden über Jahrhunderte.

Doch ist er nicht verloren ... immer noch da und hüllt den, der ihn zulässt bis heute in wohliges Wissen. Nur wer hinter den Horizont schaut, kann wachsen. Und vielleicht ein wenig tanzen mit Kobolden und Feen.

Wer sich bewusst ist, dass er nichts weiß, ist offen für mehr. Und Arroganz und Engstirnigkeit waren schon immer die Feinde der Träume. Und was wären wir ohne Träume und was wären wir ohne Magie ... nichts als leere Hüllen und davon hat die Welt schon genug zu ertragen ...

♥

Menschen reden über Menschen.
Menschen reden mit Menschen, ohne wirklich was zu sagen.

Bilden soziale Geflechte.
Binden sich an Menschen bis zur Selbstaufgabe.
Binden sich an Farben, die sie selbst nicht gewählt haben und hassen alle anderen Farben, obwohl diese sich doch vermischen sollten ... ein viel schöneres Bild.

Jeder will besonders sein, doch kaum ein Individuum ist zu sehen, ist zu fühlen.
Und alles funktioniert doch für sie nur in Gleichförmigkeit.

Jeder will dazugehören, doch mag den anderen eigentlich nicht.
Alles ist so schön bunt, doch niemand ist glücklich.

All die vorgegaukelte Farbenpracht ist doch nur Illusion.
Ohne Substanz ... so scheint es mir.
Verloren im Irrglauben der Bedeutsamkeit der Existenz ... ein Trauerspiel ... doch es bleibt ein Selbstgewähltes ...

Und ich?
Bin ich besser?
Wohl kaum.
Denn ich sitze nur hier und schaue der Welt beim Brennen zu ...

So lebe ich in meiner eigenen Welt … gemalt in meinen Farben.
Meist schwarzweiß doch manchmal bunt.
So wie es mir gefällt.

Dort kann ich Ruhe finden.
Dort läuft nur meine Melodie.
Sanfte Melancholie vollkommen.

Die Welt da draußen macht mir Angst.
Zu laut zu viel zu oberflächlich.
Dort hab ich nie reingepasst.
War nie ein Teil davon.
Konnte nie die Regeln befolgen noch sie überhaupt verstehen.
Und stand nur am Rand voll Unglauben in den Augen.

So bleibe ich hier … in meinem Universum, allein doch ohne Trauer.
Ein einsamer Stern in seiner Umlaufbahn.
Und irgendwie ist das gut so …

♥

Manche Dinge kann man nicht niederschreiben ... Gedanken so flüchtig, dass sie nicht zu greifen sind.

Gefühle viel zu tief, als dass sie auf Papier gebracht werden könnten.
Und selbst, wenn man es fertig bringen sollte, nur einen Bruchteil in Worte zu legen, dann würde man sie doch nie versenden ... nur zerknüllen und im Papierkorb der Seele entsorgen.

Aus Furcht, der der es liest, wäre nicht in der Lage, sie wertzuschätzen ... so bleiben sie für immer verschlossen im Geist, verschlossen im Herzen.

Auch wenn doch ein kleiner Funken Hoffnung bleibt, man würde irgendwann den Mut aufbringen und sie befreien ...

♥

Selbst im feinsten Zwirn verbleibt das Tier im Menschen. Kann schönste Kunstwerke erschaffen und wundervollste Bauwerke kreieren.
Glaubt, was Besonderes zu sein.
Steht Tag um Tag über den Dingen.

Doch Wolf bleibt Wolf und hinter all den Fassaden und aufgebauten und geglaubten Täuschungen lebt die Bestie.
Immer auf der Jagd ... nurmehr nicht nach Beute, sondern nach Bestimmung.
Nach etwas, was ihn besser macht als das, was er in Wahrheit jemals sein könnte.

Doch nichts kann ihn erfüllen, die Suche ist vergebens und in der Nacht ... wenn alle Masken fallen ... heult er doch nur einsam den Mond an und verliert sich in der Suche nach dem Sinn seines Seins ...
homo homini lupus ...

Der Mensch als Maschine. Darauf trainiert zu funktionieren. Gebrochen, um sich selbst und andere zu hassen. Ausgebrannt und weggeworfen, wenn der Nutzen erbracht wurde.
Gruppiert nach Farben, um ein kurzes Gefühl der Zugehörigkeit zu verspüren und um ein Feindbild zu sehen, in jeder anderen Farbe. Ohne den wirklichen Feind zu sehen.
Die Armen verachten die Ärmsten, denn die sind real. Und diejenigen, die wirklich hassenswert wären, existieren nur als blanke unwirtliche Idee dort oben irgendwo.

Es erschöpft mich so sehr … und hinterlässt mich, ohne verstehen. Was könnten wir alles erreichen, wenn wir zusammenarbeiten. Was wäre alles zu schaffen. Jede schönste Utopie könnte wahr sein … und allen könnte es besser gehen. Doch wir sind programmiert … zu schwer, über den eigenen Horizont zu blicken. Unmöglich sich in andere hineinzuversetzen. Jeder hat Gefühle, Ängste, Träume und Gedanken … warum sollten meine mehr wert sein, nur weil sie für mich realer sind? Warum geht alles nur immer weiter dem Abgrund entgegen? Und die wenigsten tun was dagegen … wir sind alle ja zu beschäftigt uns gegenseitig zu zerfleischen …

Willkommen in Dystopia … die Zukunft ist heute. Und wenn wir nicht aufpassen, gibt es das Morgen nicht mehr.

Keine Pointe … kein Happy End … nur meine Gedanken … und mein eigenes Unvermögen etwas zu ändern …

Passt auf euch auf da draußen … es sind Zeiten der Monster.

Ist sich der Clown seiner Bühne bewusst, wenn er dort steht im Scheinwerferlicht? Allein und verletzlich ohne Netz. Abend auf Abend. Und welches Bild hat er von seinem Publikum? Nur eine graue Masse in der Dunkelheit des Zeltes? Ein Monster, das ihn verschlingen, zerreißen, ausspucken oder ihn in höchste Lobpreisung heben kann? Sieht er die Augen, die auf ihn gerichtet sind, und genießt er die flüchtige Aufmerksamkeit? Oder ist alles außerhalb des Rampenlichts fern ab jeder Existenz? Seine Welt dreht sich nur für diese paar Minuten.

Und sieht das Individuum des Besuchers den Menschen hinter dem Schauspiel? Maske auf Maske auf Maske? Nur fünf Minuten Ablenkung vom Leid des Lebens. Nur die kurze Unterhaltung zählt und das Wesen in der Mitte wird entmenschlicht. Ersetzt durch die nächste Attraktion ...

Wenn sich dann die Wege trennen, welche das Schicksal für einen Augenblick zusammen geführt hat ... was bleibt? Erinnerungen? Für einen Tag? Für eine Woche? Und dann vergessen ...

Der Schmerz der Realität holt den Gast der Varieté wieder ein. War es das wert?

Und zurück bleibt der Clown, der Mensch hinter dem bunten Treiben ... allein ... bis zur nächsten Aufführung ... bis zum nächsten Abend ... bis zum nächsten Leben.

♥

Die Jagd nach deinen Dämonen hat dich Jahre gekostet. Der ewige Kampf ... der unmögliche Versuch, ein besseres Selbst zu werden, ohne zu wissen, wie du allein besser definieren sollst.
Was ist richtig und was ist falsch? Wer hat dies zu entscheiden?

Ewig lange dornige Straßen hast du beschritten und nach jeder Ecke sollte das Glück warten. Und niemals ist es gekommen. Doch aufgeben galt nicht. Doch am Ende bist du nur im Kreis gelaufen. Ohne weiterzukommen. Wo wolltest du auch hin?

Jahre vergingen und neue Jahre folgten ... alles verschwommen und als ob es nie existierte.

Erst als du akzeptiert hast, dass kein Sieg möglich ist ... ja, kein Sieg nötig ist, konntest du sehen ... und endlich spüren.
Vollkommenheit kann nur aus Gleichklang kommen ... jeder Engel braucht seine Dämonen. Und nur zusammen können sie existieren ... das alles bist du ... nicht mehr und nicht weniger. Und gegen sich selbst kämpfen hat schon immer zum Verlust geführt.

♥

Geboren mit Schwermut auf dem Herzen, mit einem Hauch von Melancholie im Blick und dem Fühlen des Abnormalen.
Ein Kreis in all den Quadraten. Neben sich stehend und den Lauf des Lebens beobachtend als, ob alles unkontrolliertes Chaos wäre.
Keine Ordnung im Ameisenhaufen des Seins möglich. So vergeht Tag um Tag und das Abwenden von allem Menschlichen schreitet voran.
Ruhe nur in der Dunkelheit.

Doch immer auch Licht. Unterhaltung und Ablenkung als Bedeutung des Tuns.
Auf der Bühne kurz bevor der Vorhang fällt. Im Scheinwerferlicht doch nicht zu greifen und nicht zu beschreiben.

Ein ewiger Widerspruch ... doch im Ganzen ein Bild für diejenige, die es vermögen zu sehen, die den Mut aufbringen, es zu spüren.
Es waren so wenige.

Nur das Gesamtkonzept kann irgendwie Sinn ergeben. Die einzelnen Aspekte bleiben Chaos ... und verschwinden im Nebel der Gedanken und bleiben höchstens Erinnerungen.

♥

Du schaffst dir deine eigene Welt, sperrst den Lärm des anderen aus und ziehst Grenze um Grenze. Aus Sicherheit und Angst. Aus Bedauern und Schutz. So oft verletzt ... so oft abgewiesen. Hast an die Türen des Lebens geklopft doch niemand hat je wirklich aufgemacht.

Und so malst du nur noch eigene Bilder. Siehst nicht mehr nach links und rechts. Keiner soll mehr hinter die Mauern blicken und merkst zu spät, dass du dir nur deinen eigenen Käfig gebaut hast.

Die Welt ist grausam, die Menschen schlecht, das Leben zu hart und hier ist alles friedlich. Doch vergiss nie ... eingesperrte Vögel verlernen zu singen ... verlernen zu fliegen ... und die Schönheit hinter den Dingen mag auf immer verborgen bleiben.

♥

Ich zerfiel
in tausend Puzzleteile ...
schenkte jedem, dem ich begegnete
ein anderes davon
und blieb am Ende
nur ein unvollständiges Bild
meiner selbst.

♥

Der erste Frühlingsregen bringt Gerüche so seltsam vertraut. Wie die Nächte im Mai mit deiner ersten Liebe, die schon so lange vergangen sind. Vergessen die meiste Zeit. Ein Stück deines Weges, den ihr teilen durftet.

Erinnerungen an Tage der Kindheit, als die Welt noch grau war und der Regen sie ein kleines bisschen sauber waschen konnte.

Lässt Bilder aus dem Gefängnis deines Herzens frei, die weggeschlossen waren, aus Melancholie. So viel Zeit ist vergangen und so viel Regen gefallen. Doch manchmal spenden sie noch wohlige Wärme, wenn alles zu schwer scheint.

So möge es noch viele regnerische Nächte im Frühling geben und vielleicht bringt dich eine davon an den heutigen Augenblick zurück.

♥

Der erste Frühlingsregen bringt Gerüche so seltsam vertraut. Wie die Nächte im Mai mit deiner ersten Liebe, die schon so lange vergangen sind. Vergessen die meiste Zeit. Ein Stück deines Weges, den ihr teilen durftet.

Erinnerungen an Tage der Kindheit, als die Welt noch grau war und der Regen sie ein kleines bisschen sauber waschen konnte.

Lässt Bilder aus dem Gefängnis deines Herzens frei, die weggeschlossen waren, aus Melancholie. So viel Zeit ist vergangen und so viel Regen gefallen. Doch manchmal spenden sie noch wohlige Wärme, wenn alles zu schwer scheint.

So möge es noch viele regnerische Nächte im Frühling geben und vielleicht bringt dich eine davon an den heutigen Augenblick zurück.

♥

Struktur.
Alles am gleichen Ort. Jeden Tag der gleiche Ablauf.
Engmaschig. Gerade Zahlen. Klare Linien. Alles läuft
parallel. Schönheit in reinster Gleichförmigkeit.

Alles, um dem Chaos zu entgehen. Ausweichen den
Gedanken. Dem Verzerrten. Dem Strudel. Vermeiden des
Feuerwerks im Kopf.

Nur schwarz und weiß bildet das perfekte Bild. Alles
andere lässt mich fallen. Verloren in Zeit und Raum. Aus
dem Takt.

Das darf nicht passieren ... alles muss stimmig sein.
Ansonsten platzt der Verstand. Und man selbst wird der
Glitch ... die Störung des Fernsehbildes ... das Buffering der
Videos.

Und kein Entkommen mehr ... keine Flucht möglich ...

Struktur ... der letzte Halt vorm Wahnsinn ... in einer Welt,
die in unendlich viele Teile zerbrochen ist ... und niemand
versteht ... wenn Pyramiden verschmelzen in grünen
Pfützen, aus denen tausend Augen starren.

Reset ... zurücksetzen ... neu laden ... und von vorne
beginnen.

♥

Was siehst du, wenn du in den Spiegel blickst und keiner hinschaut? Wenn sich all deine Sünden vor dir offenbaren? Klar und deutlich nicht verzerrt von weltlichen Ablenkungen. Und du siehst dir in die Augen ... was sie nicht alles schon gesehen haben.

Die Welt zerfressen von Selbsthass, der sich projiziert auf alles, was anders ist. Und du mittendrin ... ohne Plan. Doch niemand hat einen ... immer nur gute Ratschläge. Keine Substanz. Kein Fundament.

So bist du allein mit den hämmernden Kopfschmerzen ... liegst des Nachts wach voll Sorgen und Trauer. Träume kommen und gehen ... verschwommen. Linderung ist fern. Und es sind so viele von uns. Vergessen ... verloren ... unbedeutend. So viele leere Gesichter auf den Straßen.

Doch wo finden wir Hoffnung, wenn alles hoffnungslos scheint? Wenn das Licht am Ende des Tunnels wirklich der Zug ist ...

So darf es nicht sein ... nicht mehr ... so war es viel zu lang. Es ist Zeit der Veränderung und es liegt an uns, in welche Richtung die Waagschale kippt. Steht auf gegen all die Wut der Welt und begegnet ihr mit einem Lächeln ... so schwer es auch scheint. Ein nettes Wort mildert den Zorn des Gegenübers und vielleicht rettest du ein Leben. Mehr Liebe muss gelebt werden … und an uns liegt es, damit anzufangen.

Nur wieder unbedeutendes Geschreibsel zur Nacht … auch ich ohne Plan … aber, das wäre mein Ratschlag an euch und ein wenig positive Gedanken dazu. Vielleicht können wir die Zukunft bestimmen und uns nicht mehr zurück in die Schatten zwingen lassen. Vielleicht … hoffentlich … für mehr Menschlichkeit. Und Liebe.

Wenn Wörter dich durch die dunkle Nacht begleiten,
sei es auch taghell.
Dich auffangen und fallen lassen.
Sterne und Mond zum Greifen nahebringen.
Dir Wärme geben und dich auch gleichzeitig
verbrennen.
Als sei es nur für dich geschrieben und jedes Gefühl
echt und wahr ist.
Eine Reise durch die Zeit und lerne ich doch jeden Tag.
Und mein Kopf verschwindet in den Wolken, die das
Papier hervorgebracht hat.
So lade ich jeden ein … ein Stück des Weges mit mir zu
gehen und werde nicht urteilen.
Denn dort, in unserem Universum sind Vergangenheit
und Zukunft egal …
Es gehört nur uns.

♥

Jemand fragte mich einst, ob es mir reiche, zu schreiben in später Stunde und, ob ich nicht nach mehr streben würde.

Lange dachte ich über diese Worte nach und was mag ich mehr suchen als dies?

Die Freiheit meine Gedanken grenzenlos treiben zu lassen ohne die Fesseln der Sonne und allzu heiterer Gesellschaft.

Nur mein Geist und die Dunkelheit die Buchstaben fließen lassen für ein unsichtbares Publikum.

Kein Sinn, kein Zweck, der mich entstellt und versucht mich zu zwingen in Schablonen des angepassten.

Und so mag es doch niemand berühren oder auch schnell wieder vergessen sein … doch es gelingt mir, einen Moment Ruhe zu finden, und mehr hab ich nie gesucht.

Manchmal ertrinkst du in der Vergangenheit. Wenn ein Hauch eines einstmals vertrauten Geruchs dich wie aus dem Nichts trifft und Bilder deiner ersten Liebe ungefiltert auf dich einprasseln ... und dieser eine Geruch von nirgendwo her kommen kann ... nur aus der Erinnerung.
Oder diese Sache, die du so oft mit alten Freunden geteilt hast, die euch immer verbinden wird. Selbst lange nach dem Tag als ihr zum letzten Mal zusammen gegessen habt und keiner von euch das wusste.
Erinnerungen schmerzhaft schön. Du dachtest, diese Momente würden nie vergehen. Und doch hast du dich verändert ... langsam, ohne es zu merken. Und alles verblasst wie alte Fotos.
Dann fragst du dich von Zeit zu Zeit, ob sich Menschen deiner erinnern. Ob die Menschen, die du verletzt hast immer noch darunter leiden ... oder immer leiden werden. Ob die Vergangenheit noch an dich denkt ... im Zorn, in Trauer oder vielleicht auch ein wenig Liebe.
So bleibt die Melancholie, die manchmal kommt ... und du blickst zurück auf deine Reise. Nicht um umzukehren ... nur, um nicht zu vergessen und, um zu verstehen, wer du bist ... ein kleines Teil des großen Rätsels deiner Selbst.
Nicht mehr, aber auch nicht weniger ...

🖤

Komm, setz dich ans Feuer, hier ist Platz für jeden und lausche den Geschichten zur Nacht. Mit ein wenig Magie, ein wenig Zauber. Geschichten von Göttern und Elfen, von Gnomen und Hexen. Voll unbeschreiblicher Wunder.

Lass dich davon tragen in weit entfernte Länder ... weg vom Schmutz des Tages und dieser verbrannten Welt. Lass mich ein wenig Freude in deine Seele malen.

Ein wenig Ruhe biete ich an ... ein wenig Stille für dunkle Gedanken und ein wenig Wärme in all der Einsamkeit. Gefunden in Geschichten von Frieden und Liebe ... so rar gesät in dieser Zeit.

Und am Ende entlasse ich dich mit einem Schlaflied ... in die kalte Nacht. Auf dass du Träume findest, die dein Herz erfreuen und weißt, du bist nicht allein.

♥

Zeit rennt ... Zeit fließt ... Zeit quält sich dahin. Bildet manchmal große Kreise über Jahre und Jahrzehnte ... doch dann wiederholt sie sich. Keine Grade. Mehr eine Scheibe, teils vor und teils zurück. Unkontrolliert. Verbunden.

Menschen kommen und gehen ... sind wichtig im Augenblick und plötzlich nicht mehr existent in deinem eigenen Kosmos. Es bleibt nur eine blasse Erinnerung ... vielleicht nur ein Geruch oder ein Gedanke zwischen all den Dingen des Alltags.

Du bist heute ein anderer Mensch, als du gestern warst und als du morgen sein wirst. Doch kannst du Ähnliches erleben wie Generationen vorher.

Dieselbe Geschichte mit anderen Worten geschrieben. Nicht zu erkennen, wenn du es lebst, doch schwebst du drüber, zeigt sich das Bild klar und deutlich.

So subjektiv das Empfinden ... für eine Maus so schnell und für den Baum so langsam. Doch gleich und total verschieden. Nie weißt du, wie viel Zeit dir bleibt ... wie viele Körner bereits verronnen sind.

Und unser Verstand wird sie nie greifen können ... so bleiben wir Spielfiguren im System. Verdammt immer das gleiche Schauspiel aufzuführen ... bis irgendwann unsere Rolle ausgetauscht wird ... und alles, was wir uns einreden, ist die Illusion der Kontrolle ...

♥

Du hast bisher jeden beschissenen Tag überlebt ... jeden Schlag irgendwie weggesteckt. Bist immer wieder aufgestanden. Trägst deine Narben mit Stolz und weißt, sie machen dich interessant.

Jedes Leck im Boot des Lebens hast du geflickt und bist weiter stromaufwärts gefahren. Durch Untiefen, durch Stromschnellen.

Bist klüger geworden.

Niemand verlangt von dir, immer stark zu sein, doch gib nicht auf ... die besten Tage kommen noch und falls nicht ... dann machen wir es wenigstens zu einem hell of a ride. Zum jung sterben ist es jetzt eh zu spät, dann kannst du auch versuchen zu leben.

Passt auf euch auf in dieser bedrohten Welt ...

♥

Nur wenn die Musik spielt, werden die Gedanken leiser und die Seele findet etwas Ruhe zwischen den Melodien und Gefühle können wahr werden.

Nur wenn ich schreibe, verstummen die Dämonen in meinem Hinterkopf und ich kann mit Worten Bilder in die Herzen der Menschen malen.

Nur wenn du zeichnest und gestaltest, wird aus dem Grau des Alltags eine ganze Welt voll Farben und Magie. Kannst du uns fortgetragen an unbeschreibliche Orte.

All dies Besondere hilft uns damit umzugehen was wir vor den Augen verbergen, was wir in uns verstecken und was immer lauert. Vor dem, was in der Dunkelheit hervorkommt, wenn uns wieder kein Schlaf vergönnt ist.

Unsere Rettung, unser Anker und, wenn wir es teilen, dann in der Hoffnung, dass es das auch für jemand anders sein kann … ein Licht, das die Schatten für einen Augenblick zurückdrängt. Nur ein paar Minuten … doch vielleicht bedeuten sie für jemanden den Halt, den er selbst verloren hat … ohne Kunst wird es still und einsam.

♥

Menschen strengen mich an ... soziale Interaktion ist unglaublich erschöpfend. Immer nur die Akzeptanz des Normalen mit geringen Abweichungen.

Sei dies ... mach das.
Deine Haare sind aber lang geworden ... willst du die nicht mal schneiden lassen?
Bist du nicht aus dem Alter raus, solche T-Shirts zu tragen?
Willst du nicht mal erwachsen werden?
Ach und hier haben wir auch noch diesen Sack mit Verantwortung für deine Schultern, da liegt ja noch nicht genug drauf.
Lach doch mal.
Du musst dich nur gesund ernähren und Sport treiben, dann geht es dir besser ...
Es reicht doch jetzt auch mal mit diesem sinnlosen Geschreibsel im Internet.
Bist du dir sicher mit dem, was du da tust?
Wir würden das alles ja anders machen ...

Nein, ich will nicht erwachsen werden!
Nein, ich schneide mir nicht die Haare und auf keinen Fall werde ich still sein.
Ich will nicht Teil eurer kaputten Welt sein, die mich so oft so anwidert.
Nein! Die Welt, die ihr repräsentiert, ist nicht die Meine, ich mach mir meine eigene.
In Farbe und nicht nur grau.

Und jeder ist willkommen, der mich ein Stück begleiten will, und jeder ist gut, so wie er ist ... ich war lange genug erschöpft.
Jetzt ist Zeit das zu ändern!

♥

Der Himmel weint eisige Tränen.

Nicht weit entfernt reißt der Fluss krachend ganze Bäume und Geröll mit sich. Während grelle Blitze das tiefschwarze Dunkel zerschneiden und der Donner über den Bergen gegen die ganze Welt grollt.

Das Licht gibt kurz die Monster frei, die zwischen den Ästen auf meine Seele lauern und ihr schauriges Wimmern birgt die Erwartung an schlimmste Alpträume.

So sitze ich hier und schaue überwältigt ob der Gewaltigkeit der Natur in den Sturm, der nur gegen mich zu wüten scheint.

Mir ist kalt und kein wärmendes Feuer in Erreichbarkeit. Und dunkle Gedanken versuchen mich, in die Dämmerung des Geistes zu ziehen.

Und plötzlich bin ich unglaublich klein im Angesicht des dargebotenen Schauspiels des Lebens. Ein Staubkorn im Universum ... und weiter schrumpfend. Nur ein verblassender Stern im Meer des Ganzen.

Und all meine Sorgen und Ängste haben keinerlei Bedeutung mehr ...

♥

Dann fandest du den Vagabunden, der der nie
erwachsen werden will.

Ein wenig abgerissen.
Immer zu viel Gefühl oder gar keins.
Der, der viel zu oft den Boden der Flasche fand und sich
viel zu oft in sich selbst verlor.
Immer ein wenig entrückt von der Welt.
Immer ein wenig Selbstzerstörung.

Rastlos.
Ziellos.

Der Träumer in der Realität, dem der Alltag oft so
schwer fällt ... und dessen Trauer so oft nur schwer zu
ertragen ist ... der fast unmöglich zu fassen ist und nie zu
verstehen.

Aber er wollte dich ein Stück mitnehmen.

Und alles was er sagte, war „es tut mir leid", denn ich
habe nichts anzubieten ... nur diese Worte auf Papier
und sie sind mein Geschenk an dich ...

♥

Wenn die Seele nur nach Ruhe bedarf ... zu viele Eindrücke, zu viele Menschen, zu viele Nachrichten, zu viel Kommunikation, zu viele Gefühle und alles prasselt unablässig auf dich ein ... jede Sekunde, ein ewiger Kreislauf.

Der Verstand, der verzweifelt versucht, alles zu erfassen, und kann doch nichts richtig greifen.

Und du willst nur, dass jemand den Resetknopf drückt ... einmal runterfahren und neu starten. Sich fallen lassen ... durchatmen.

Sehnsucht nach dem schwarzen Ozean, auf dem man sich einfach mal treiben lassen kann.

Dass die Zeit einen Moment still steht ... du nicht rennen musst. Es kein Ziel gibt, das zu erreichen nur dazu führt, dass ein neues Ziel sich auftut ... einmal Stille ... einmal das heilende Nichts ... und das Chaos sich sortieren lassen.

🖤

Auf der Suche nach dir selbst ist alles in tausend Puzzleteile zerfallen. Alles, was du glaubtest zu sein. Das Zerrbild nach außen im Spiegel zerbrochen. Nichts scheint mehr wahr.

Und du erkennst was du warst. Warum du warst. Siehst Fehler auf Fehler. Eine Reise in die falsche Richtung. Der Vorhang war längst gefallen und doch hast du weitergespielt. Dein Theaterstück ... so wie es schon immer sein musste.

Jetzt liegen die Puzzleteile auf dem Tisch. Du hebst Stück für Stück und drehst und wendest. Ein neues Ich soll es ergeben, das Bild in Klarheit soll entstehen. Befreit vom Nebel des vergangenen. Befreit vom Zwang der Darstellung.

So legst du nun ein neues Bild ... jeden Tag ein kleines bisschen. Hier etwas dazu, dort noch ein paar Teile. Und langsam fügt es sich zu einem Ganzen. Dachtest du für einen Augenblick. Doch je mehr es wird in Vollständigkeit ... desto mehr musst du erkennen ... das wieder nur ein falscher Schein auf die Bühne getreten ist. Es sich wieder nicht richtig anfühlt ... obwohl alles anders ist.

Und so hast du doch nur eine weitere Zelle betreten ... bist nicht klüger und nicht näher. Keine Antworten ... nur mehr Fragen ... und wahrscheinlich noch tausend Gefängnisse des Verstandes vor dir ...

In einer Welt, in der die meisten den falschen Göttern folgen ... unrealistischen Zerrbildern des Seins. Vorstellungen eingebrannt im Minutentakt der Bildschirme. Gefährliche Versprechungen eingeflüstert von strahlenden Propheten ...

Sehe ich die Kleinigkeiten ... die Schönheit in der Imperfektion. Ein Blatt im Wind bringt mehr Gefühl, als es Luxus je könnte. Dieser Augenblick bleibt für die Ewigkeit in meinem Herzen und wird nicht einfach weggeworfen und ersetzt ...

Darum beachte das Schauspiel ... wie es im Wind tanzt ... wenigstens diese Sekunden ... in ihrer vollen Eleganz ... welche Menschen niemals erreichen können.

Und am Ende bin ich wie das Blatt ... auf das niemand achtet, welches niemandem auf der Straße auffällt, außer denen deren Seele offen ist. Doch mehr will ich nicht sein ...

🖤

Wenn weiß keine Farbe ist
und schwarz alle Farben
zusammen ...
sind dann Menschen, die immer
schwarz tragen eigentlich am
buntesten von allen angezogen?

Wenn sie spricht, spuckt sie Feuer. Sie ist die, die mit dem fahrenden Volk tanzt und barfuß durch den Wald läuft. Und die Zeit steht still im Angesicht ihrer Anmut. Nicht schön im klassischen Sinne ... doch ihr Leuchten durchbricht tiefste Nacht.

Voll Angst und Ehrfurcht sind die, die sie nicht verstehen können, nicht greifen können. Keines Kampfes je müde, wenn er sich lohnt. Augen so tief wie die See, doch immer ein Lächeln darin zu finden. Für die, die es brauchen.

Sie wird niemals verstummen, soll sie auch zum Schweigen gebracht werden. Und immer erklingt mir eine leise Melodie in meinem Herzen, beim Gedanken an sie. Und für einen Augenblick sind all die Sorgen vergessen.

So tanzt sie durchs Leben. Als wäre es das Einfachste der Welt ... und mir bleibt nichts zu tun, als aus der Ferne zu versuchen ihre Schönheit auf meinem zerknitterten Papier festzuhalten ... sei es auch nur für eine blasse Erinnerung.

♥

So viele Masken ... so viel Theater. Unglückliche Seelen in goldenen Käfigen, die sie sich selber schaffen. Um nicht anzuecken ... um niemanden zu verschrecken.

Wann hast du zuletzt jemand ehrlich gefragt, wie es ihm geht? Wann hat dich das letzte Mal jemand das ehrlich gefragt? Wann hast du das jemals ehrlich geantwortet?

Warum muss alles grau sein? In dem kalten Glitzer des Scheins ...

Jeder hat eine interessante Geschichte zu erzählen ... von Freud und Leid ... doch kaum jemand erzählt sie. Versteckt sich hinter Floskeln ... um normal zu sein. Um dazu zugehören. Doch wozu? Will ich zu etwas gehören, wenn ich nicht ich selbst sein kann?

So anstrengend ... und so traurig. Wo ist die Farbe in all dem? Die Höhen und Tiefen hinter dem Grundrauschen ...

Darum frage ich ... wie geht es Dir? Und würde mich freuen, eine ehrliche Antwort zu bekommen. Ich mag das Leben nicht mehr anstrengend ... nicht mehr im grauen Matsch des Alltäglichen ... bin neugierig ... es gibt so viel mehr ... jede Seite ist es Wert, gelesen zu werden und nicht nur die Zusammenfassung ...

♥

Was siehst du im Spiegel? Müde Augen ... leer von zu vielen Kämpfen. Irgendwo noch ein Hauch des Feuers der Vergangenheit. Graue Haare ... an vielen Stellen bereits weiß. Als Zeichen der Meilen, die hinter dir liegen. Erinnerungen ... Erlebnisse ...

Was sagen die Stimmen in deinem Kopf?
Werd erwachsen ... die anderen sind es auch.
Find deinen Platz im Leben.
Bekomm endlich alles auf die Reihe.
Sei so, wie sie dich haben wollen ... es ist doch einfacher.
Man kann sich nicht immer nur treiben lassen. Ohne Ziel.

Wo sind die Wünsche deiner Jugend?
Der Kampfgeist, alles verändern zu wollen.
Und der Wille, die Welt in Flammen zu setzen ... um eine neue Bessere zu schaffen.
Ersetzt durch Realismus.
Besseres Wissen.
Du kannst die Welt nicht retten ... ohne vorher dich selbst zu retten.

Würdest du dich mögen, wenn du dich triffst?
An einem verregneten Tag ... auf offener Straße.
Auf einen Kaffee?
Dein junges Selbst?
Ohne die vielen Narben ... oder mit den noch frischen?
Was hast du ihm zu sagen?

Und würde es zuhören?

Immer auf der Suche, rastlos ... ruhelos.
Getrieben von Dämonen und glitzernden Dingen ...
nach mehr ... um zu vergessen.
Um zu fliehen.
Um sich selbst zu verlieren.

Und wenn die Welt in Chaos zerbricht, sucht die Seele
jemanden, der den Sturm im Kopf beruhigen kann.
Die Wellen des Wahnsinns glätten und das Herz in
einen ruhigen Hafen führt.

Wenn der Abgrund sich auftut und man endlos fällt ...
Stunde um Stunde ... Tag um Tag ... dann fängt dich
dies liebende Herz.
Ohne zu fragen ... und ohne zu verstehen.
Doch, auch ohne zu bewerten.

Und dann ... am Ende braucht es nur ein wenig
Wärme in der kalten Nacht.

♥

Und sie packen alles in Schubladen. Zwingen uns ihre Ordnung auf. Listen sind einfach. Alles bekommt ein Label. Leben in kleinen Kästchen.

Frau und Mann. Schwarz, weiß, gelb, braun ... Homo und Hetero. Dick und dünn. Und so weiter und so falsch. Was ist aus Mensch geworden?

Alles fein säuberlich sortiert. Gepresst und geformt nach unbeständigen Werten, welche sich ständig wandeln. Ein ganzer Schrank an Bedeutungslosigkeit. Und was nicht passt wird passend gemacht.

Und was sie nicht definieren können, macht ihnen Angst. Angst erzeugt Wut. Wut zerstört. So viele kaputte Seelen in dieser Welt. So viele unglückliche Seelen in dieser Welt.

Ich weigere mich ... keine Schublade wird mir passen. Ungreifbar. Und sollen sie mich doch hassen. Ich muss nicht immer fröhlich sein, um Liebe zu geben. Muss nicht immer stark sein, um weiter zu kämpfen. Und spucke auf ihr Schönheitsideal.

In all den Facetten sprenge ich die Ketten. Denn ein gefangener Vogel verlernt zu singen und in grauen Kästen kann man schlecht bunte Bilder malen. Und ohne Kunst stirbt das Leben.
Ich bin ich ... und mehr will ich nicht sein ...

Der Regen spielt sein Schlaflied in der Dunkelheit.

Bringt Sauberkeit ins Chaos des Tages.

Halb wach halb schlafend versunken in Gedanken.

In diesem Augenblick zählen nur die Ruhe und das Trommeln der Tropfen auf Straßen und Fenstern.

Nichts höre ich lieber.

Zeit der Träume ... und Zeit des Spürens.

Wenn kalte Luft des Winters auf den Geruch des Frühlings trifft.

Und hier und jetzt ... für den Moment ist alles gut.

Kein Schmerz ist mehr wahr, keine Trauer zu finden.

Nur der Regen ... in der Nacht ...

Gefühle wie Feuer, wärmend doch zu oft verbrannt. Und dann stehst du wieder nur in Asche. Doch lebensnotwendig. Aus Asche entsteht neues Leben und dann neues Feuer. Spürst du es in Dir?

Zuviel Bedeutungslosigkeit in diesen Tagen. Bunt und glitzernd, doch vergänglich und ohne Sinn. Keine Erfüllung hinter all der Oberflächlichkeit.

Ablenkung als Flucht. Und schon beginnt eine neue Reise auf der Achterbahn des kalten Lichts. Jede Minute eine neue Fahrt. Höher und weiter ... immer weiter, doch nur im Kreis.

Realität verwischt ... zur Abstraktion verkommen. Und überall wächst die Sehnsucht nach Echtheit. Nach Luft. Den kalten Atem in feinen Wolken zu sehen.

Der Anfang der Reise beginnt jetzt ... aus dem Kreislauf. Und deine Wunden sind nur Zeichen des Mutes. Dein Feuer erwärmt die Welt und kann einmal mehr als nur Asche hinterlassen.

Wirre Worte als Bruchstücke auf die Leinwand der Existenz geblutet. Doch vielleicht liegt ein Stück Wahrheit hinter dem Wahnsinn.

Wirst du es wagen? Es kostet höchstens den Verstand ...

♥

Die Welt hinter zersplittertem Glas. Viele kleine Dinge klar und doch das große Ganze ein unkenntliches Puzzle. Ständig im Wandel, ständig im Strudel. Unerreichbar. Die Splitter als Käfig der Existenz. Gefangen und doch gezwungen ein Teil des Spiels zu sein. Ohne die Regeln zu verstehen … und nur seine eigenen Gesetze zu spüren.

Falsch sind sie … wird einem suggeriert, doch was richtig ist, kann nicht erklärt werden. Was sind Gefühle? Was sind Normen? Was Gut? Was Böse? Was ist das Selbst? Und was ist real und was Traum?

Chaos im Kopf … rasend. Gefühlte Gedankensprünge auf zu vielen Bahnen. Alles gleichzeitig und nichts konstant. Sprünge … und die Splitter fressen sich tiefer in die Seele. Jahr um Jahr.

Kein Teil der Welt … doch mittendrin … und Verständnis ist selten. Und Anpassung schwer … oft unmöglich. Es bleibt nur Erschöpfung und die Splitter … und das Dasein im Käfig aus Glas.

Während die Fratze im Spiegel sich vor Lachen krümmt …

♥

So sind wir doch alle unter dem gleichen Ozean aus Sternen.

Jeder mit seinen Gedanken, mit seiner Freude, mit seinen Sorgen und Ängsten.

Jeder mit seiner eigenen Schlaflosigkeit.

Und doch sind wir nicht allein.

Drum schicke ich ein kleines Licht, einen kleinen guten Gedanken in die Nacht, auf dass es denjenigen erreichen mag, der es gerade braucht.

Möge es dir ein Begleiter auf dem Pfad durch die Dunkelheit sein … und vielleicht ein wenig was bedeuten.

♥

Und die Musik ist immer da ... sei es nur in meinem Kopf ... in meiner Seele.
Bringt Freude und Trauer.
Taucht mich in bunteste Farben oder in wohliges Schwarzweiß.
Eröffnet mir Türen zu Dingen, die sonst verschlossen sind.
Und regt mich zum Nachdenken an.
Der Soundtrack meines Lebens ... nur für mich erstellt und jedes Lied scheint nur für mich geschrieben.
Und mag die Welt um mich herum zerbrechen, so wird es Musik sein, die mich zu retten vermag.
Bis ans Ende aller Tage ...

Flieg mit mir zum Mond, folge dem weißen Kaninchen, tanz durch verwunschene Wälder zu einer Musik, die nur für dich geschrieben wurde, bestaune die Feuer über dem Berg und tauche ins Universum.

Komm zu einsamen Stränden und lausche dem Ozean in seiner Unendlichkeit, während warmer Sand deine Füße umspielt. Bekämpfe den Drachen und rette die Jungfrau oder rette den Drachen und vergiss die Jungfrau.

Verliere dich in den Sternen und höre die Geschichten der Hexen und Barden ...

Nur höre nicht auf, zu träumen ... Märchen braucht diese bedrohte Welt.

♥

Was hält dich wach des Nachts?

Welch Kampf verbirgt sich hinter dem Lächeln am Tag?
Welches Lied bringt dich zum Weinen, doch spielst du es wieder und wieder?

Was hält dich wach des Nachts?

Wonach sehnt sich deine Seele? Ein Kind im Inneren, gut und rein. Doch Schmutz der Welt hat es dich fast vergessen lassen.
Wohin soll deine Reise dich führen?

Was hält dich wach des Nachts?

So viele Fragen ... am Tag ohne Bedeutung. Nur flüchtige Blicke in den Spiegel. Ob der Angst sie starren zurück. Ein freundliches Wort hier, ein Kopfnicken da. Auf das niemand wirklich Interesse zeigt ... alles ist gut ... das Mantra der Welt ...

Doch nun ist Dunkelheit ... kein Entkommen ... kein Entfliehen.
Und ehrliche Neugier, so ungewohnt, so vergessen ... im Ozean der Oberflächlichkeit.
Doch die Frage ist da ... als Feuer zwischen den Gedanken.

Was hält dich wach des Nachts?

♥

So finde ich mich in der Dunkelheit, ohne
Angst und ohne Zweifel. Von schwarzen
Schwingen getragen, welche sich Träume
nennen ...

Durch Nebel und Dickicht kein Licht zu sehen.
Nur die Kälte, die mir den Atem nimmt und
doch Klarheit bringt.

Verschwommen greifen die Äste der
Vergangenheit nach meiner Seele, ohne sie
wirklich zu fassen. Zu schwach sind sie
geworden.

Kein Laut in der Nacht. Kein Lärm der Welt ...
dort will ich sein. Nicht jeder, der verloren
scheint, ist wirklich vom Weg abgekommen.
Manche von uns sind hier zuhause ...

♥

Schwarze Wolken aus Glas.

Träume voll klarer Realität hinter zerbrochenen Spiegeln.

Führen Gedanken durch einen Wald voller Zweige, die die Oberflächlichkeit des Universums brechen.

Licht und Schatten verwoben zur Unkenntlichkeit zerlaufen in Seen voller Sterne.

Klarheit in Buchstaben geschrieben, um gehört zu werden.

An Tagen voller Augen ohne Seele im Dunst der selbst geschaffenen Mauern.

Und ruhig fließt der Verstand zwischen all dem ... zwischen Ufern und endlosen Weiten.

Ohne Ziel ... denn gerade wird keins benötigt ...

Der Winterwind trägt die Gedanken auf eiskalten Schwingen.
Trägt sie in Erinnerungen ... an das, was war.
An ferne Orte und nahe Gefühle.
Trägt mich weiter dahin, was sein kann.
Durch die Nebel der Zukunft ... über die steinige Straße, die noch vor mir liegt.
Singt mir bekannte Melodien und flüstert mir unbekannte Verse.
Sterne und Mond sind meine Begleiter.
Sie hören mir zu und werten nicht.
Unverstanden von der Welt in ihrem zwanghaften Drang, alles zu verstehen.
Nicht greifbar ... abstrakt.
Wie meine Seele ... wie mein Herz ... wie mein Sein.
So lasse ich mich forttragen ... denn dort finde ich Ruhe ... in der kalten Winternacht.
Zur leisen Melodie des Windes ...

♥

Dunkle Labyrinthe des Verstandes.
Graue Flure voller Fragen ... ohne die Antworten je zu finden.
Doch heimisch.
Wohl bekannt.
Die gleichen Flure seit Jahren.
Und so oft verlief ich mich ... ging verloren über Tage ... die sich wie Augenblicke anfühlten.
Jede Nacht einen Schritt tiefer ... ohne Angst ... einfach ohne Emotion.
Und doch mit zu vielen Gefühlen.
Malte eine Karte der Seele ... Puzzleteil um Puzzleteil.
Denn ich erkannte und verstand, ich bin hier zuhause ... nicht nur aber auch.
Und die Dunkelheit wird immer ein Teil meiner sein ... und wenn ich jetzt wandere, dann immer mit Stift und Papier ... als Licht ... um mich nicht mehr zu verlaufen.
Und mit Liebe ... für alles Melancholische ... für alles, was ich dort in den Ecken finde ... und für das, was mir mitgegeben wurde.
Denn endlich kann ich auch dort die Emotionen sehen ...

♥

Und du schaust auf die Welt ... siehst Asche und Feuer ... siehst Krankheit und Tod ... siehst Hunger und Armut ... und es zerreißt dir das Herz. Jeden Tag aufs Neue.

Sitz über den Dingen ... neben den Dingen ... und fühlst dich verloren. Verloren ob der Übermacht des Schmerzes. Augen voller Tränen ... oder voll von nichts. Seelenlos verworren im Zeitgeschehen. Tag um Tag.

Merkst, dass die Hoffnung schwindet. Findest keinen Ausweg mehr. So leicht sich dem Dunkel hinzugeben.

Doch bedenke eins ... du bist nicht allein. Wir sind hier und sehen das Gleiche. Kämpfen dieselben Kriege. Auch Tag um Tag. In unserer Einsamkeit. Allein unter Monstern.

Und finden ab und zu eine Seele, die es mit uns teilt ... denn Kriege können gewonnen werden. Dunkelheit bedingt das Licht. Regen bringt Leben. Und wenn wir zusammenstehen, dann sind wir eins ... und niemand mehr allein ...

♥

Ich hab mich immer gefragt, wie der Niedergang der Welt wohl aussehen mag, die Filme zeigen, immer mit einem großen Knall und großer Katastrophe.
Doch es ist anders ... langsam und stetig ... einen Schritt weiter in den Abgrund.
Krieg, Hunger, Krankheit und Tod ... alles da und alles wird jeden Tag stärker.
Die Demokratie verkommt zur Farce ... zur Zurschaustellung von glitzernden Persönlichkeiten ohne Substanz.
Autoritäre Reiche greifen nach der Macht und gewinnen Stück um Stück.
Nicht durch Gewalt, durch die Unfähigkeit der Menschlichkeit.
Während wir händeringend auf die neue Netflixshow warten und uns foodporn auf Insta anschauen.
Schritt für Schritt in den Abgrund.
Wenn nur noch Egoismus und Verachtung zählt.
Wenn man seinen Hass auf die auskotzt, die noch weniger haben.
Und die Reichen werden reicher ... ist ja alles nicht mein Problem ... ich hab's ja warm und kuschelig in der Dystopie.
Die ist ja auch nur scheiße, wenn man unten ist ... doch es ist unser Problem ... es sollte unser Problem sein.
Und wir sollten den Mund aufmachen.
Zusammen stehen ... nicht zerrissen ... nicht egoistisch.

Jeder von uns kann die Welt verändern ... etwas Gutes schaffen.
Etwas Liebe und Zuversicht geben.
Wir müssen nur anfangen ... sonst ist es zu spät ... und verdammt ... es ist kurz davor.
Aber was weiß ich schon ... ich kann nur nicht mehr wegschauen, will nicht stumm bleiben.
Achtet auf euch ... irgendwie.
Und vielleicht kann ja doch noch was passieren ... auch wenn die Hoffnung schwindet ...

Fallen ... in eine Welt so schwer zu verstehen.
Ob dunkle kalte Wälder voll roter Augen ... ob tropisch heiße Städte mit unzähligen Menschen ohne Gesicht ... ob verrottender Beton durchzogen mit schneidendem Stahl.

Wer sind wir zu entscheiden, was Himmel oder Hölle ist?
Die Bilder wandeln ... verzerren ... ergeben ein anderes in jedem Augenblick.

Fallen ... so tief ... so beängstigend für diejenigen, die es nicht verstehen.
Nicht kennen.
Wenn Feuer in den Adern zu Eis wird.
Und trotzdem schmerzhaft brennt.

Fallen ... sich fallen lassen ... und hoffen trotz der Dunkelheit gefangen zu werden ...

♥

Und Stunden vergehen in Augenblicken.

Die Seelen vereint ... am selben Platz.

Nichts existiert um uns herum, nur Sterne und das sanfte Mondlicht.

Lachen.

Die Sorgen sind vergangen bis zum Morgen.

Die Welt dreht sich langsam doch unendlich schnell

Bedeutungsloses bekommt Wichtigkeit, die keiner sonst versteht.

Und die Erinnerung bleibt für immer eingeschlossen in Herzen.

Mögen diese Momente nie vergehen ... doch fließen sie durch unsere Hand.

So hat es uns auf ewig verändert, besser gemacht ... und du fühlst dich zuhause.

Den Platz, den es niemals gab.

Und er wird nun für immer fortbestehen ...

♥

Damals warst du jung ... dachtest, du wüsstest alles. Der goldene König, dem die Welt zu Füßen liegt.
Träumtest von fernen Ländern, tiefen Dschungeln, weiten Ozeanen. Und niemand konnte dir etwas sagen. Kein Ratschlag war gut genug. Das Puzzle des Lebens lag auf dem Tisch und du nahmst immer nur das, was gerade passte, was das Schicksal dir anbot. Und hast vergessen, die anderen Teile umzudrehen.

Dann eines Tages bist du nicht mehr jung ... hast ferne Länder bereist, tiefe Dschungel geatmet und deine Füße in weite Ozeane gesteckt ... doch so viel mehr gibt es noch zu sehen. Während die Sanduhr bereits halb abgelaufen scheint. Das Puzzle ist viel größer geworden und langsam wählst du die Teile mit Bedacht.
Hast mehr Fragen als Antworten gefunden und deinen Blick darauf verschoben.
Weißt heute nichts mehr wirklich und suchst jeden Rat ... doch jetzt mag ihn niemand mehr geben. Denn nun wärst du an der Reihe ... und kannst doch niemand Weisheit schenken.

Nichts ist wahr, was einmal klar schien ... und dir bleibt einzig und allein dein eigener Weg. Auf dass eines Tages das Puzzle Sinn ergebe ... oder nur einen wunderbaren Schein.

Schlaflos ... in Gedanken versunken. Erinnerungen vermischen sich mit Träumen ... vermischen sich mit Wünschen ... vermischen sich mit der Dunkelheit, die um mich herum sich manifestiert.

Mein Verstand geht mit der Seele an der Hand jede Sekunde tiefer ins Labyrinth. Tiefer an Abgründe ... tiefer zu rettenden Lichtungen.

Springt über Grenzen, die tagsüber unvorstellbar wären. Und malt Farben an Wände, die nur dort existieren.

Fällt allzu oft zurück ins Schwarzweiß ... das so lange Trost spendete. Doch hier und dort bleibt ein Tupfer Farbe.

Sing mir ein Schlaflied, oh grausames Herz, auf dass es Ruhe bringe. Und mich der weite Ozean der Nacht davon trägt ....

🖤

Die Welt blieb still ... ein Tag, ohne die Schwere des Zwangs ihm Bedeutung zu geben. Ohne den Druck ein neuer Start zu sein. Nachdem man die Monate zuvor nur gerannt ist, um dann alle Hoffnung in das nächste Jahr zu packen, und sich dann doch nichts ändert.

Doch heute blieb die Welt in großen Teilen still ... Zwangsreset und es konnte nur das getan werden, was wirklich guttat ... ohne die Last, die diesen Tag sonst zeichnet. So empfand ich es zumindest.

Vielleicht lernen wir etwas daraus ... lernen jeden Tag anzunehmen ... jeden Tag das Beste für uns zu machen. Die Zeit steht nicht still ... vielleicht lernen wir, uns jeden Tag etwas Gutes zu tun ... jeden Tag etwas Liebe in die Welt zu geben. Nicht zu warten auf den nächsten Sommerurlaub ... das nächste Weihnachten ... das nächste Silvester.

Jeder Tag kann etwas Besonderes sein ... sollte etwas Besonderes sein. Für Dich. Für mich. Für uns alle ... und die Welt wäre eine bessere.

Damit schließe ich die ersten Gedanken zur Nacht des neuen Jahres ... und vielleicht behalten sie Bedeutung auch darüber hinaus.

Kommt gut durch die Nacht ... und seid gut zu euch. Ihr habt es verdient.

♥

2020

Das alte Jahr ist fast vergangen ... was soll man dazu schreiben? Es ist alles ein wenig anders gelaufen, als man so hätte vermuten können ... unsere Welt ist ein wenig aus den Fugen geraten.

Alles ist wieder kleiner geworden und irgendwie ruhiger. Dinge, die wir für selbstverständlich gehalten haben, sind es nicht mehr und neue Dinge plötzlich alltäglich geworden.

Nun sind wir hier am Ende dieser seltsamen Monate und hoffen alle, dass das nächste Jahr besser wird. Wir hoffentlich etwas aus diesen Zeiten gelernt haben und uns ein wenig darauf besinnen können, was wirklich wichtig ist.

Für mehr Liebe und Gemeinschaft und weniger Hass, Neid und Missgunst.

Heute Nacht bleibt die Welt still ... was ich persönlich sehr angenehm finde. Auch hier ist jetzt einfach alles anders.

Doch nun genug von dem Geschreibsel und mir bleibt nur noch zu sagen: Passt auf euch auf, bleibt gesund, danke dass Ihr hier seid und wie immer ... stay weird. Für mehr Liebe auf dieser Welt.

♥

Setz dich zu mir und sing mir ein Lied.
Während wir in dunkler See übers
Sternenmeer segeln.

Ohne Ziel ... wenn Zeit und Traum
verschwimmen.
Wir nicht wissen, ob wir vorwärts oder im
Kreis uns bewegen, es aber auch keinerlei
Bedeutung hat.

Ein Lied für die Seele ... die so oft verwundet.

Jede Zeile heilt und jede Note berührt.

Fort von der Welt mit ihren Grausamkeiten
und ihrem Schmerz.

Wenn der Mond uns mit Freude begrüßt.
Angst keine Rolle mehr spielt.

Sing mir ein Lied und wir werden wissen ...
alles wird gut.

Ich war nie ein Teil dieser Welt ... nicht ausgestoßen, sondern immer irgendwie verquer ... neben der Existenz.

Was sind die Menschen doch für kleine geschäftige Wesen ... rennen hier hin ... rennen dort hin. Kümmern sich nur um sich und verfehlen das große Ganze.

Empfinden Emotionen, welche mich tief berühren, ich aber nicht verstehe.

Lebe ich einen Traum? Oder träume ich das Leben? Ist die Welt wahr? Oder nur in meinem Kopf und es wird immer nur das geladen, was gebraucht wird ... mit dem ich interagiere? Und sonst ist dort nur Nebel?

Was sind die Menschen doch für geschäftige kleine Wesen ... geben Dingen so viel Bedeutung, welche so bedeutungslos sind ... arbeiten, schlafen, essen auf Dauerschleife und nebenbei verrinnt die Zeit in rasender Geschwindigkeit ... ich war nie ein Teil dieser Welt.

Hab sie nie verstanden und werde nie dazu passen ... als ob mein Kopf falsch verdrahtet ist oder sich ständig neu verdrahtet ... aber so ist es und so soll es wohl sein ... und vielleicht lichtet sich der Nebel ...

🖤

Regen auf der Straße ... Regen in der Nacht ...
Umherwandern im Gedankenkarussell.
Hier eine Tür aufmachen, dort eine Schublade schließen.
Korridor um Korridor. Regen gegen die Fenster.
Kälte kriecht durch jede geschriebene Zeile.
Das Gesicht fast bedeckt in der Kapuze.
Dieselben Töne um Töne.
Versunken in Gefühlen ... zwischen Müdigkeit und Melancholie.
Die Kälte erstarrt zu Eis.
Regen wird zu Schnee. Und die Geräusche verstummen ... kein Laut. Nur die Schritte.
Nicht verloren ... gefunden im Wirrwarr der Seele.
In der Kälte. Im Regen und dann im Schnee ... der klar die Spuren zeigt ...

♥

So dunkel scheint der Weg von Zeit zu Zeit ... und Steine versperren den Pfad.

So leicht scheint aufgeben und sich verlieren im wohligen Gefühl des Bekannten. Ertränken der Sorgen in kalter Luft.

So leicht scheint einfach liegenzubleiben. Und so verschwimmen die Jahre. Gefangen im Käfig ohne Gitter. Kraftlos und ergeben den Dämonen. Verschwendet.

Doch dann kommt der Augenblick der Klarheit ... und dann ist der Wille stärker. Du überspringst die Steine. Und sie sind plötzlich nicht mehr beängstigend.

Deine Reise hat jetzt erst begonnen. Zu dir selbst ... lässt den Schmerz der Seele hinter dir. Erkennst die Schönheit des Weges und erst dann wird dir klar ... es muss kein Ziel geben. Du musst nichts hinterherlaufen. Nichts sein was du nicht sein willst.

Das ist deine Straße und sie wurde nur für dich gebaut. Nun musst du sie selbst gestalten ...

♥

Ein nettes Wort ... ein Lächeln. Ein „ich denk an dich ...".
Ein „wie geht es dir wirklich?".

Wahres Interesse an dem Menschen hinter der Maske.
Wahre Gefühle. Ehrliche Gedanken.

Das alles ... bedeutet so viel mehr als der glitzernde
Schein von Dingen, die wir nicht brauchen ...

Zeig mir dein Herz ... öffne deine Seele ... lass uns ein
wahres Gespräch führen ... lass uns zusammen die Welt
verbessern ... und Du wirst wirklich etwas bewegen ...
und es wird von Bedeutung sein   und die Zeit
überdauern ... aber das sind nur meine Gedanken zur
Nacht ... meine Gedanken zur Weihnacht.

Und was weiß ich schon ...

♥

Regen als Hintergrundmusik zur Nacht.
Sturm als Begleiter der melancholischen Gedanken.
Kein Stern durch dunkle Wolken zu erblicken.
Die Seele weit an entfernten Orten.
Doch Ruhe im Herzen. Ruhe im Kopf.
Die Engel und Dämonen schweigen bereits.
Kalte Luft in der Lunge.
Und bleierne Müdigkeit in ihrer Schwere.
Ein letztes Lied. Eine letzte Zigarette.
Und dann empfängt uns süßer Schlaf.
Ein letztes Wort auf Papier. Was ich nicht auszusprechen wage.
Dann verschwimmt der Traum in Realität.
Gute Nacht da draußen und gebt auf euch Acht.
In diesen Zeiten und auf immer ...

♥

Und die Sonne ist voller Leben ... voller Licht ... voll Wärme ... leicht und unbeschwert tanzt sie über den Himmel ... und jeder bewundert ihr Sein und jeder schaut zu ihr hinauf ... doch alles wonach sie sich sehnt, ist die eine Stunde am Tag ... diese flüchtigen Augenblicke ... wenn sie den Himmel mit dem Mond teilt.

Der Mond ... kalt und wunderschön. In der Dunkelheit zu Hause ... das Feuer würde alles verschlingen ... doch er gibt uns Ruhe ... doch auch er sehnt sich nach der Stunde, die er mit der Sonne teilen kann ... die perfekte Balance. Wenn Magie in der Luft liegt und sie zusammen tanzen ... bevor sie sich wieder für endlose Stunden trennen müssen.

Und der Kreislauf steht für die Ewigkeit. In Normalität. Doch wahres Glück empfinden beide nur in Gemeinsamkeit ... welch bittersüßes Schauspiel ... verdammt dazu, immer wieder aufgeführt zu werden ... bis ans Ende aller Nächte ...

Das Knacken des Plattenspielers ... Musik aus einer
anderen Zeit. Lädt mich ein ... bringt mich zurück.

Zu Momenten ... Augenblicken. Tiefe Emotionen.
Als die Welt noch eine andere war.

Lässt mich ein Stück von dem Erleben, was damals
gewesen sein mag. Ein süßer Traum. Ein wenig Ruhe.

Trägt mich auf warmen Wellen und bettet mein Herz
auf weiche Kissen.

Mag die Erde dieselbe gewesen sein, doch die Musik
scheint ein anderes Licht darauf ... und ich kann
mich verlieren ... im Heute ins Gestern ... und dann ...
nur für ein paar Sekunden ...
dann sehe ich meine alte Seele klar ... und bin voller
Dankbarkeit für die Melodie ... denn nichts anderes
ist von Bedeutung ... für die paar Sekunden ...

♥

Dunkel liegt der Wald vor dir.
Jeder Schritt führt weiter in den Nebel.
Der Weg eine Unbekannte.
Das Ziel in weiter Ferne.
Doch wer braucht schon ein Ziel?
Die Wunder und Grausamkeiten liegen am Wegesrand.
Wer nur nach vorne sieht, verpasst das, was über ihm liegt.
Ohne Faszination für die Welt, verloren in Langeweile und Strebsamkeit.
Und nichts wird am Ende bleiben ...
denn nichts ist von Dauer.
So sieh die Schönheit in den Schatten.
Und leg ab die Angst.
Die Angst, nicht zu genügen ... die Angst, etwas Falsches zu tun ... die Angst nichts zu erreichen.
Deine Straße ... deine Regeln.
Und es zählt nur dein Glück.
Sei es nur der Wald im Nebel ... doch manchmal kann das alles sein ...

Alles ist still ... die Räder haben aufgehört zu drehen.
Kein Ächzen und Knarzen der Welt ist zu vernehmen.
In den Stunden der Liebenden und der Einsamen.
Wenn alle Gefühle und Gedanken verstärkt sind.
Ohne Ablenkung.
Klar und rein ... wenn du in den Spiegel fällst ... vor dir alle Abgründe sich auftun.
Doch du weißt, dass es deine Stunden sind ... unsere Stunden.
Wenn die Dunkelheit dich warm umschließt ... wie der alte Freund, der sie ist.
Seltsame Wesen, die die Nacht lieben ... doch bin ich immer eins von ihnen.
Die Flügel der Eule sind mir näher als die der Taube.
Und die besondere Schönheit der Nacht erfüllt mich ... im Guten wie im Schlechten.
Doch wird sie immer für mich da sein ... so wie für euch ...

♥

Immer zwischen den Welten ... Zuviel Dunkelheit frisst die Seele ... und so oft stand ich am Abgrund. Zuviel Licht nimmt allem die Tiefe ... denn Schatten verschwinden.

Balancierend auf der Waagschale ... Tag ein Tag aus ... und nur, wenn alles in alles fließt, entsteht Ruhe.

Zu lange gebraucht für die Erkenntnis ... zu viele Kämpfe gegen die Nacht.
Und zu viel Licht gesucht.

Aus Extremen entsteht keine Balance ... nur aus dem Annehmen beider Seiten ... die Medaille muss nicht ständig gewendet werden.
Sie ist als Ganzes so wie es sein soll.

Und am Ende ergibt erst dann alles ein Bild ...
ohne Verzerrung ...

♥

Das Jahr ist fast vorbei ... Wahnsinn ... what a hell of a ride ... die Apokalypse tobt immer noch da draußen ... manchmal erinnere ich mich an meine Worte vom letzten Jahr und denke, ich halte mich vielleicht besser ein wenig zurück mit Prophezeiungen ... obwohl ich echt ein paar interessante Vorstellungen dazu habe, was nächstes Jahr passieren wird.

Die Gesellschaft ist gespalten wie nie ... wer hätte das nach 2015 gedacht? Und irgendwie hat man das Gefühl, die Welt wird immer verrückter.

Und ich? Ich werde in vier Wochen 40 ... hab damit, wenn ich Glück habe, vielleicht erst eine Hälfte meines Lebens hinter mir ... (auch hier ... what a hell of a ride) und sitze immer noch jede Nacht in der Dunkelheit und schreibe, was meinem wirren Geist gerade so einfällt.
Manchmal um vielleicht einen kleinen Unterschied zu machen, manchmal nur um zu unterhalten ... und neben dem Schreiben denke ich übers Leben nach ... warum versuchen wir es nächstes Jahr nicht einfach mal mit Liebe, Menschlichkeit und Glücklichsein? Mal was anderes als der altbekannte Hass, Neid und Missgunst?

Ist nur ein Vorschlag eines unbedeutenden Schreiberlings ... aber vielleicht wäre es einen Versuch wert? Ich für meinen Fall werde das probieren ... aber was weiß ich schon ... bleibt bei euch da draußen und achtet auf euch.

Jeder ist wichtig und gut ... so wie er ist ... und damit schließe ich die Gedanken zur Nacht ... stay safe stay healthy ... und stay weird.

Menschen kommen und gehen ... flüchtige
Begegnungen, flüchtige Begleiter.
Zu kurz, um unsere Herzen zu berühren. Oder
gerade lang genug, sie zu brechen.
Bleiben häufig nur Erinnerungen im
Wirbelsturm der erlebten Bilder ... wenn
überhaupt.

Doch ab und an findet man eine Seele, die die
eigene vervollständigt.
Nicht nur zur kurzfristigen Belustigung ... nein ...
die eine Seele, die dich wirklich berührt.
Die dich an das Gute glauben lässt. Deine
Dämonen besänftigt und mit dir trägt.
Und die dich einfach nur begleitet ... egal wohin
der Weg dich führt und wie steinig er wird.

Und dann ... nur dann wirst du noch nicht mal in
deinen Träumen einsam sein ...

♥

So viele Nächte ... voller Zweifel ... voller Einsamkeit ... voller Verzweiflung.
Verloren im Labyrinth der Seele.
Ohne Licht am Ende des Tunnels.

Versuche der Betäubung ohne Erfolg.
Fratzen des Schreckens auf dem Herzen.
Nur der Wunsch zu verschwinden ... nie existiert zu haben.

Brennende Fragen ohne Antwort.
Immer tiefer in den Abgrund.

Tag um Tag ... Jahr um Jahr ... eingeschlossen im unüberwindbaren Käfig ... doch nie liegen geblieben.

Jeden Kampf aufs Neue geführt.
Jede Narbe mit Stolz getragen ... bis die Stille eintrat.
Die Fratzen verschwanden.

Die Gedanken stoppten ... vielleicht für einen Augenblick nur ... doch möge er lange verweilen.

Und es bleibt die Erkenntnis, dass nichts einen brechen wird ... und die Erzählung davon trägt sich von Herz zu Herz ...

♥

Gefallen ins Tintenfass.

Versunken Wort um Wort.

Der Stift mein Begleiter in der Nacht.

Gedanken auf Papier ... Gefühle auf Papier ... welche ich nicht auszusprechen wage.

Tanzend zwischen Sätzen.

Immer tiefer in die Spirale und immer höher zum Mond.

Keine Pause gönnt die Seele ... bis die Zeilen vollendet sind.

Wege verschlungen durch verwunschene Wälder des Seins.

Nicht verloren ... was nicht gefunden wird.

Gewinnt am Ende doch gegen die Zeit.

Und hoffentlich ein wenig an Bedeutung, hier und dort ...

♥

Egal welche Geister dich in der Dunkelheit heimsuchen, welch Dämonen an deiner Seele zerren, wie oft dein Herz gebrochen wurde.

Ob du traurig bist, einsam, verloren oder nur wütend. Wenn schlaflose Nächte dich in die Knie zwingen. Oder du einfach nur fliehen willst ... egal wie viele Narben du davongetragen hast, wie oft du wieder aufstehen musstest.

Morgen geht wieder die Sonne auf und wir versuchen es erneut. Es werden noch viele Winter kommen ... viele Kämpfe ... doch auch so mancher Sieg.

Egal was sie sagen ... egal wie schwer es ist. Eins ist sicher ... wir geben nicht auf hier ... und werden es niemals tun.

Passt auf euch auf da draußen.

♥

Lost in translation auf einem alten
Röhrenfernseher ...
die LED-Leiste geht an und aus ... unstet.

Schlaflos doch irgendwie betäubt.

Der blaue Drache fliegt mit mir durch die Zeit.
Zu anderen Orten.
Anderen Dingen.
Tief vergraben in Erinnerungen.

Aus einer Ecke starrt mich der
Pappmachéhund an.
Als ob er wüsste, wo ich mich befinde.
Wann ich mich befinde.

Regen durchzieht die Dunkelheit.
Wie ein Traum ...
ein letztes Aufbäumen der halbwachen
Existenz im hier.

Und dann fallen lassen ...

So viele Träume ... was wolltest du als Kind werden?
Wofür hast du gebrannt als Jugendlicher?
Wonach sehnt sich dein Herz heute?

Zeiten fließen in Zeiten ... was wichtig war, ist Vergangenheit.
Unerfüllte Wünsche verdrängt ... vielleicht heute auch nicht mehr wichtig. Aber was ist morgen?

Stirbt der Träumer in dir, um einem Neuen Platz zu machen?
Wohin geht der Traum?

Zurück vielleicht in ein anderes Herz ... und vielleicht kann dieses es sich erfüllen ... und vielleicht erreicht einer dieser Träume eines Tages deine Seele ... und ist der richtige für dich ... auf dass die Träume niemals vergehen ...

♥

Versunken in Erinnerungen … das Gedankenkarussell angehalten.
Und ich bin ausgestiegen.
Nach endlosen Tagen der Fahrt.

Die gesichtslosen Mitfahrer verschwinden im Nebel.
Mein Weg führt mich sanft hinunter.
Zwischen den Bäumen.

Die kalte Luft lässt mich atmen.
Alles erscheint wie ein Traum.
Entfernt und dort winzig klein.

Nur die Blätter meine Begleiter auf der Reise.
Zur Ruhe.

Tiefer in den Wald … auf der Suche nach Absolution … auf der Suche nach mir selbst … das so lange verloren war.

Wer weiß, ob ich es finde?
Oder ob mich einfach die Welt verschluckt … in ihrem Wundern und Widrigkeiten …

♥

Selbst wer stark ist, wird mal müde ... selbst wer immer lacht, ist mal voller Trauer.

Der verwundete Krieger braucht Ruhe zum Heilen ... das verletzte Tier ein Ort des Rückzugs.

Niemand kann immer nur laufen, ohne Luft zu holen.

Und wer immer die Hilfe am dringendsten braucht, wird sie am meisten ablehnen.

Lehn dich zurück ... nur für einen Augenblick ... du musst nicht stark sein ... nicht immer kämpfen ... egal was sie sagen.

Und kannst weise wählen, in welchen Krieg du ziehst und welchen du umschiffst ... nur Ruhe bringt Kraft ... und du wirst stärker aus der Schwäche hervorgehen.

So sende ich heute Nacht ein wenig Stille in die Welt. Möge sie die erreichen die es am meisten brauchen ...

♥

An was denkst du heute Nacht?
Während alles schläft?
Und du wach liegst?
Was bringt dich um den Schlaf?
Welchen Träumen hängst du nach?
Welch Gedanke begleitet dich jetzt im Moment?
Während ich in die Dunkelheit schaue und meinen eigenen Zeilen folge?

Melancholisch ...
Bilder aus anderen Zeiten.
Menschen aus anderen Zeiten.
Und leise läuft Musik im Hintergrund.
Während fern einzelne Seelen genauso um den Schlaf gebracht sind ...

Regen zur Nacht ... welche wohlige Kulisse der Ruhe.
Keinen besseren Hintergrund könnte ich mir wünschen.

Wenn alles andere still ist ... die Gedanken aufhören zu kreisen.
Du dich in die warmen Arme der Dunkelheit fällen lässt.
Lauscht nur noch ein wenig dem Regen und sanft gewinnt die Müdigkeit Oberhand.

Wenn nichts von Bedeutung ist und all die Sorgen bis morgen warten können.
All die Sorgen für diesen Augenblick nicht existieren.

Denn es gibt jetzt nur dich und den Regen in der Nacht
...

♥

Wer bist du? Hinter den zerbrochenen Spiegeln?
Während kalte Augen dich aus allen Ecken anstarren.

Wer bist du? Im fahlen Mondlicht und im strahlenden Sonnenschein? Hinter all dem Schein? Den perfekten Instaposts?

Wir rennen ... jeden Tag. Um den Tag hinter uns zu bringen ... und jede Stunde, die vergeht, ist eine Wohltat.
Doch können wir nicht mehr innehalten. Einfach stehen bleiben. Die Welt drückt uns vorwärts.
Wer stehen bleibt verliert und doch haben wir alle längst verloren.

Nimm Dir die Zeit ... bleib stehen ... und beantworte dir selbst ... wer bist du?
Denn sonst niemandem bist du diese Antwort schuldig ...

♥

Gefangen in der einst täuschend silbernen Kugel eines Flippers, den keiner mehr spielt.

Rost frisst sich bereits um den Mantel.

Spinnweben durchziehen, das was einst das Leben des Automaten war.

Verblasste Erinnerungen an Zeiten voller Licht und Musik.

Vergangene Tage die niemals hätten enden sollen. Abgestellt und vergessen.

Die Menschen weiter gezogen ... zu bunteren Dingen.

Dingen die sie einsamer machen und doch die Gedanken betäuben.

Doch ich bleibe in der Kugel, denn kein Weg führt hinaus.

Und mit den Jahren verschwimmt die Existenz der Maschine ... als ob sie nie Freude gebracht hätte.

Und dann bleibt nur noch Staub ...

♥

klick das Feuerzeug erschafft eine Flamme ... kalter Rauch erfüllt die Lunge.
Es läuft eine Dokumentation über vergangene Zeiten ... Zeiten, die mich geprägt haben, die mich bis heute begleiten.
Bilder von Hass ... Bilder vom Kampf auf der Straße.
Ich war damals ein Kind ... fast ein Jugendlicher.
Musste meine Heimat brennen sehen.
Zerfressen von Gewalt und Ignoranz.
Und heute sitze ich hier ... *klick* und nichts hat sich geändert.
Die Welt geht vor die Hunde.
Menschen jagen Menschen.
Menschen töten Menschen.
Und ich bin nur hilflos.
Kein Ausweg zu sehen ... warum tun wir uns das an?
Straßenschlachten damals in meiner Stadt ...
Straßenschlachten heute überall.
Warum können wir nicht friedlich sein?
Woher kommt all der Hass ... all der Hass auf alles Andersartige?
Auf uns selbst?
Wo doch die Liebe uns stärker machen würde ... uns glücklich machen würde ... doch nein ... es scheint nicht unser Schicksal zu sein.
Nicht unser Naturell.
Homo homini lupus ... und eine Träne trifft den kalten Boden. *klick*

♥

Eis überzieht das Land.
Die ersten Schneeflocken fallen.

Die Welt wird von schnell auf langsam gestellt.
Jeder Laut verschluckt und vergangen in Stille.

Die Menschen liegen in ihren warmen Betten und
träumen von anderen Menschen.
In Wohligkeit oder Sehnsucht.

Gleiten in andere Welten ... entfernt von der
Dunkelheit, die vielen so Angst macht.
Deren Schönheit nur wenige wertschätzen.

Es ist kalt ... und ich atme ...

Die Nacht der Monster ... aus jedem Winkel rufen sie nach Dir.
Wenn alles erlaubt ist und der Rest der Welt nur in Staub liegt.

Der Wolf sein wahres Gesicht zeigt. Auf der Jagd. Und sein Heulen alle in Angst und Schrecken versetzt.

Doch die Faszination der Dunkelheit hält dich fest und lässt dich ihn suchen.
Gefahr als Antrieb. Spürst das Leben in deinen Adern. So selten ... so kostbar.

Jede Normalität verzerrt. So langweilig ... so nichtig. Und du willst nur mit ihm jagen ... an seiner Seite sein.
Heute Nacht ... in der Nacht der Monster ...

♥

Und ich erzähle den Sternen jede Nacht von dir ...
die Menschen begreifen nicht, was ich empfinde.
Sehe hinter das Lachen ... hinter den Schein.
Das, was du verstecken willst ... doch das ist das,
was ich suche ... was mein Herz berührt.

In einem Raum voller Leute gibt es nur dich ...
alles herum verschwimmt.
So war es immer ... und jede dieser Zeilen sollst
nur du lesen.
Sollst nur du hören.

Und sei die Nacht auch noch so kalt, die Gedanken
an dich halten mich warm ... und beruhigen den
unruhigen Geist ... so soll es sein ... und darum
erzähle ich den Sternen von dir ...

Hollywood lehrt uns, dass jeder den Underdog liebt ...
doch in Wahrheit werden Menschen gefaltet wie
Origamikraniche.
Passend gemacht.
In Schubladen gepresst ... klassifiziert.

Während gesichtslose Massen über die Erde wälzen
und sie sich Untertan machen.
Alles Schöne und Besondere im Keim ersticken.

Niemand liebt den Underdog ... denn er hält ihnen den
Spiegel vor.
Zeigt ihre eigenen Unzulänglichkeiten und
Gleichförmigkeit.
So dass sie es nicht ertragen können und den Spiegel
zerschlagen.

Und verloren allein wandelt er durch die Dunkelheit.
Doch ich mag den Underdog ... aber ich bin auch
niemand ...

♥

Ertrunken in Gemälden alter Künstler.
Verloren in Versen, derjenigen die es so viel besser können als ich.

Ein Schreiberling auf der Suche nach Bedeutung.
In diesem Leben, auf diesem Weg.
Gefühle bluten auf Papier, unfähig sie anders zu artikulieren.

Gefangen zwischen Nihilismus und Hedonismus.
Das kleine Glück in unerreichbarer Ferne.
Und der Blick geht in die Dunkelheit, während die Kälte den Körper durchzieht.

Nacht um Nacht ... Zeile um Zeile. Für die einsamen Seelen da draußen ... ein kleines Licht ... oder nur Verständnis.
Doch mehr kann ich nicht tun ... gebe ein Stück meiner Selbst an euch.

Und vielleicht.. ja vielleicht erreicht es jemanden.
Ein verändertes Leben ist mehr, als ich jemals hoffte zu bewegen.

Nacht um Nacht ... wenn die Kälte übermächtig wird.

♥

Der Weg auf der Rasierklinge ... links und rechts der Abgrund. Tanzend mit blutenden Füßen in einer Welt, die in Flammen steht.

Ein Witz hier ... ein Lächeln da ... ein gutes Wort für jemanden, der es braucht. Während die eigenen Gedanken im Nebel versinken.

Ein schöner Schein ... so bedeutungslos ... vorgetragen vom Harlekin mit den traurigen Augen. Im Zirkus des Seins.

Wer lebt hinter den Fassaden ... wer will es schon wissen. Eine kurze Berührung der Seele und dann vergessen.

Und am Ende bleibt nur das Schwimmen im Universum ... bis ans Ende der Zeit. Wo Dunkelheit und Sternenglanz die perfekte Einheit bilden. In Schönheit und Vergänglichkeit ...

♥

Der Nebel kriecht durch die Gassen.
Gesichtslose Gestalten starren aus allen dunklen Winkeln.
Du stolperst Schritt um Schritt.
Verfolgt.
Die Bäume nehmen bizarre Formen an.
Äste greifen nach dir.
Kein Stern ... kein Mond am Himmel.
Ist es real?
Ist es nur ein Traum?
Was ist schon real?
Die Welt als Spiegel deiner Seele.
Alpträume als Form deiner Gedanken.
Die Lichter zu hell ... die Nacht zu dunkel.
Und alles, was du suchst, ist Absolution.
Doch ist es unmöglich, diese zu finden.
Alles hat seinen Preis.
Und vielleicht bezahlst du diesmal mit deinem Verstand.
Während du dich fragst, ob die Stimmen in der Ferne wirklich existieren ...

♥

Und dann sind wir nur noch Geschichten ... in Liedern, in Erzählungen, in Gedichten, in Gedanken, in Träumen ... Geschichten, die verblassen über die Jahre. Die sich wandeln und neu geschrieben werden. Immer nur aus Perspektiven. Gefärbt durch Wünsche und Enttäuschungen.
Und jeder ist unzählige dieser Geschichten. Manchmal nur Randfiguren, manchmal Hauptperson, manchmal Antagonist.
So füllen wir die Seiten unseres Lebens mit diesen Geschichten.
Jede irgendwie ein Teil von uns, doch nur wenige bedeutsam. Viele gehen wieder vergessen, gehen unter in der Masse der Erzählungen.
Und nur ganz wenige bleiben ... sind immer da. Eingebrannt in unsere Herzen und unsere Seelen.
So wichtig, dass sie den Lauf der Dinge verändert haben. Dich verändert haben.
Und wir hoffen doch alle, dass wir in irgendeinem Leben auch diese Geschichte sein werden ...

♥

Und die Luft ist kalt ... erfüllt deine Lungen mit reinigender Sauberkeit.
Dein Atem bildet kleine Wolken.
Dein Kopf wird klar.
Es riecht nach Winter.
Dieser besondere Duft, den du immer so geliebt hast.
Unverwechselbar.

Nach all den sumpfigen warmen Tagen, die dich gefangen hielten, klären sich deine Gedanken.
Stück für Stück.
Die Kälte ist da ... deine Zeit ist angebrochen.
Die Zeit der Mystik und Magie.

Die Dunkelheit.
Aus der du geschaffen wurdest ... die dich ausmacht.
In ihrer faszinierenden Schönheit.
Schwer zu verstehen ... verschlossen ... nie einfach.

Doch deins ... unser ... die Tage der Tänze unter sternenklarem Himmel.
Während der Mond sanft auf uns schaut.
Winterkind ... ein anderer Menschenschlag.
Oft misstrauisch gesehen ... unverstanden.
Einsam.

Doch wer aus der Kälte kommt wird es sehen ...
und endlich kannst du wieder atmen ...

♥

Gedankenverloren ... Gedankengefunden ... sitze ich auf dem Mond, während die Menschen auf der Erde wandeln.
Das, was sie Leben nennen.
Fragen der Bedeutung.
Weit entfernt von Normalität, doch vielleicht offen wie ein Buch.

Jede Sternschnuppe eine Reise wert.
Wohin sie auch führen mag.
Schicke ich meine Seele fort, Neues zu sehen, zu hören, zu fühlen.
Die Hülle bleibt zurück.
Als Käfig, als Mahnmal überwunden.

Bis hinter die Sterne.
Während leise Musik spielt ... keine Definitionen mehr notwendig.

Einfach Sein ... einfach wirklich existieren.
Und die Ketten des Verstandes gesprengt ... manche sagen, dass sei Wahnsinn, doch braucht es nicht immer einen Funken im Grau?

Wohin wir kommen, wird man sehen ... doch niemals zurück geht der Weg.

♥

Ein Augenblick der Ruhe ... ich weiß, dass die Welt sich weiter dreht ... dass Hass und Ungerechtigkeit nicht aufhören.

Doch meine Welt steht kurz still ... in der Nacht. Und ich lausche nur meinen Gedanken und dem Fluss in der Ferne.

Man wird nur getrieben von Erwartungen, von Anforderungen, von Wünschen der Menschen ... doch diese Stunden geben Kraft.

Und so sitze ich am Rande des Universums und starre in die dunkle Unendlichkeit. Klein und verletzlich.

Doch immer noch hier ... und für einen Moment ist die Last auf meinen Schultern verschwunden.

♥

Regen in der Nacht.
Stift und Papier meine Begleiter.
Stunden der Künstler, der Poeten, der Liebenden,
der Einsamen.
Denjenigen, die zu viel fühlen, als dass sie ruhig
schlafen könnten.

Nachts ist alles still, nur der Kopf ist laut.
Gedanke um Gedanke.
Drum schreibe ich hier und in jeder dunklen Stunde.
An euch ... da draußen.
An diejenigen die wach liegen.
An diejenigen die ruhelos sind.
Ihr seid nicht allein.
Jedes Gefühl ist wertvoll.
Jeder Gedanke ist wichtig.
Sei er auch noch so schmerzhaft.

Und ich schicke euch Kraft hinaus in diesen Stunden.
In unseren Stunden.
Voll bittersüßer Melancholie ...
denn sie gehören nur uns.
Und niemand kann sie uns nehmen.
Denn draußen der Regen spielt unser Lied.

Drum seid nicht zu traurig, Kinder der Nacht ... wir
sind hier und die Schönheit der Dunkelheit wird
immer unser Anker sein.

🖤

Bilder entstehen in deinem Ohr, in deiner Seele ... hervorgebracht durch Worte auf Papier oder leise geflüstert. Ganze Welten entstehen oder fallen in sich zusammen.

Ein Wort bedeutet alles oder nichts. Ein Scherz, der traurige Wahrheit enthält.

Gefühle brennend wie Feuer im Herzen ... wärmend oder zerstörerisch. Ausgelöst durch nur eine Zeile ... im Einklang der Emotionen.

Schicke ich dich auf eine Reise durch meinen Verstand. Lade dich ein in die dunkelsten Ecken. In denen Worte alles bedeuten ... in denen Worte über die Dämonen herrschen.

Vielleicht verlierst du dich dort ... doch vielleicht wirst du gefunden. Buchstabe an Buchstabe ... und jedes Gedicht ein zaghafter Versuch, etwas zu ändern ... etwas zu bedeuten.

Ein Licht in die Nacht zu schicken ... möge es denjenigen erreichen der es braucht ... der es versteht ... der es zu lesen vermag. Heut Nacht und für alle Zeit ...

♥

Ein Baum mit tiefen Wurzeln kann dem stärksten Sturm widerstehen.
Hält fest und erträgt alles, was die Natur ihm entgegenwirft.
Bietet Schutz für schwächere Wesen und Nahrung für die, die es brauchen.
Ein Anker in schweren Tagen.
Doch am Ende der Geschichte hat er nie etwas anderes gesehen als sein kleines Universum ...
so wähl deinen Weg weise ... das Blatt, das fliegt, hat mehr erlebt.
Was willst Du sein?
Und was ist deine Geschichte?

Das Zeitalter der Götter ist vergangen. Die Zeiten gehören den Monstern, welche unter uns wandeln, ganz offen und ohne Scheu.

Während die meisten Menschen nur noch seelenlose Gebäude sind, geblendet von Trug und glänzendem Tand.
Verloren in der bedeutungslosen Vorstellung ihres zweifelhaften Seins.

Die Zeichen des Krieges entspringen dem Nebel ... jeden Tag deutlicher. Und am Horizont steht nicht mehr weit entfernt das Ende der Welt. Krieg, Hunger, Krankheit und Tod.

Jetzt ist die Zeit der Helden ... mögen sie sich finden und verstehen, dass es an ihnen liegt. Denn niemand wird kommen. Niemand wird uns helfen. Wir richten über uns allein. Jeder für sich. Und was geschehen wird ... wird geschehen ...

♥

Und du wirfst deinen Schatten auf die Spuren
des Herbstes.
Die Farben nur noch ein Abbild dessen was
einmal war und ein letztes Aufbäumen der
Natur vor der langen Dunkelheit, die es braucht,
um Neues entstehen zu lassen.
Nach der Kälte, die bereits in jedem Knochen
spürbar ist und den Atem bereits sichtbar macht.
Tage des Zwischenseins ... nicht mehr da was
war, aber auch noch nicht da, was sein wird.
Und die Luft ist klar ...

Manchmal ist alles so weit entfernt. Gefangen im steinernen Käfig des Verstandes. Unfähig zu sprechen. Neben der Welt. Existenz im Nebel. Springt man von Universum zu Universum. Und alles ist nur wie in Watte getaucht.

Die Belanglosigkeiten der Menschen, so sinnlos. Jede Emotion verstummt im Sumpf der Dunkelheit. Niemand wird gehört ... niemand gesehen. Die Mauern zu stark. Jeder Versuch zum Scheitern verurteilt.

Und die kleine Seele sitzt dahinter ... entfernt ... entrückt ... erschlagen von Eindrücken ... von Ansprüchen. Spielt leise mit seinen Schicksalskarten. Und versteht das Geschehen dort draußen nicht. Verloren die Kraft dazu ... verloren die Muße.

So vergehen diese Tage und Nächte. Unklar wer das Spiel gewinnt. Oder ob man nicht einfach für immer spielen will ...

♥

So singst du für die Welt ... tanzt auf allen Bällen ... strahlend in deinem Sein ... ein einzelner Stern im Dunkel der Masse.

Menschen verlieben sich in dich und verlieren sich in dir. Die Königin im Glanz der Kristalle.

Bringst Wärme ins Leben derer, die sie brauchen. Dein Feuer erhellt ganze Straßen. Und doch fällst du für das Biest. Angezogen von Dunkelheit. Unfähig es zu retten.

Der traurige Schreiberling am Rande der Gesellschaft, die dich so bewundert und ihn so verachtet. Er, der abseits steht ... er der am Abgrund sitzt.

Niemals dachtest du, du könntest dich verlieren ... und nun schau dich an ... wie du fällst ... in die traurigsten Augen, die jemals auf die Zeit geblickt haben ...

♥

Heute Nacht mag ich keine traurigen Verse verfassen.
Heute Nacht mag ich trinken … trinken auf verlorene
Freunde, niemals verblassende Erinnerungen, Lieder,
die das Herz berühren, all die schönen kleinen
Wunder dieser Welt.
Auf die Kreativität … auf die Menschlichkeit, sei sie
auch rar geworden in diesen Zeiten.
Auf die Dunkelheit, welche mir so viel Ruhe gibt.
Auf euch alle … die mich ein kleines Stück meines
Lebens begleiten und die ihr alle, jeder für sich, etwas
Besonderes seid.
Und am wichtigsten … trinke ich heute Nacht auf
die Liebe … mit all ihren Freuden und all ihrem
Schmerz … dass sie mich etwas fühlen lässt.
In dem Sinne … gute Nacht und achtet auf euch …

Wer bist du? Wer willst du sein?
Auf der langen Straße des Lebens ... mit all den Kurven und all den Schlaglöchern.
Während „king of the road" aus einem alten kaputten Radio läuft.
Die goldene Statue hat Grünspan angesetzt. Zeichen der Verwesung.
Wem folgst du? Bist du du selbst?
Krisen der Existenz in regelmäßigen Abständen.
Hinterfragen.
Zu viele sehen alles als gegeben. Doch jede Sekunde ändert sich alles.
Im wirren Strudel des Universums.
Jede Sekunde neue Farben ... neues Schwarzweiß.
Wer bist Du? Und wer wirst Du morgen sein ...

♥

Und so denkst du ... denkst über das Leben nach.
Sitzt auf der Kante und die Bilder manifestieren sich wieder und wieder.
Denkst über Begegnungen und ihre Konsequenzen nach.
Bist Menschen begegnet und hast Menschen verloren.
Denkst über den Einfluss derer über dein Sein nach.
Hast Narben davon getragen ... vielleicht zu viele.
Verflochten durch Erinnerungen und verflochten durch das was sein wird.
Stehst nicht allein.
Manchmal reicht ein Augenblick, um alles zu ändern ... ein Licht in der Dunkelheit.
Seltsam. Dachtest immer du schwebst darüber, doch musst erkennen, dass du geformt wurdest durch Begegnungen ... so viele Wege hätten gegangen werden können.
Doch dieser ist deiner ... und stellst dir nun die entscheidende Frage, ob du jemals eine freie Entscheidung treffen konntest ... oder ob dein Weg bereits geschrieben ist ... und sollte das die Wahrheit sein, wer diesen kranken Humor verbrochen hat ... und irgendwo da draußen spielt Gott Würfel mit sich selbst ...

♥

Der Nebel verzerrt die Bäume ...
Langsam verschwinden die Farben des Herbstes in all ihrer wunderbaren Schönheit ...
Stück für Stück werden die Tage grauer.
Der Winter wird bald hier sein.
Langsam kriecht die Kälte in die alten Knochen.
Zeiten der Dunkelheit stehen vor der Tür.
Und die Menschen ziehen sich zurück vor ihre Feuer.
In ihre trostlosen Behausungen. Voller Angst vor dem, was draußen wartet.
Ein weiteres Jahr geht ins Land ... vorbei die sorglosen Momente des Sommers.
Und die Natur wird wieder den Monstern gehören.
Welche einsam und verletzt vom Wind getragen werden.
Bis die helleren Tage wieder kommen ...
So atme die Kälte ... spüre die Wildheit .... und sieh dich um.
Nichts lässt uns mehr leben als das ...
Denn am Ende des Tages sind wir die Monster ... unter Menschen ... doch nie ein Teil davon.

♥

Gedankenverloren ...
Jeder Sinn gefangen auf einer anderen Insel.
Nichts fühlen und doch zu viel empfinden.
In die Leere prasseln die Emotionen
und zerreißen das Bild.
Im Nebel wirken alle Lichter zu grell.
Verzerrungen der Realität.
Die Seele verweilt an einem anderen Ort.
Und die Zeit verfliegt in Wimpernschlägen.
Manchmal führt die Treppe nur endlos hinab.
Eigene Wahrheiten, die für andere
nur Trugbilder sind.
Verfließt die Existenz auf dem Notenblatt.
Und Blut tropft in Worten auf Papier ...

♥

Und wir teilen Erinnerungen ... teilen Freude und Schmerz. Wie in einem kitschigen Liebeslied, welches doch so genau beschreibt, was wir fühlen.

Tanzen unter den Sternen ... bleiben manchmal ganz still. Schweigend nebeneinander ... als perfekte Ruhe.

Alles da draußen ist schon laut genug. Und die Lieder spielen nur für uns. Wenn die Seele vereint ist und das Herz genau richtig verloren. Als ob sie nur für uns geschrieben worden.

Und jeder Augenblick zusammen wie eine Ewigkeit, die zu schnell vergeht. Selbst im Streit verflochten. Denn so soll es sein ... und auch wenn man geht, kommt man nicht los.
Wem das Herz gehört, der soll es auch haben ... immer und für alle Zeit.

♥

Und so stolperst du staunend durch die Welt
mit ihren Wundern und Widrigkeiten.
Siehst Schönheit und Leid.
Stille und Lärm.
Auf dem Weg, der nur deiner ist.
Den niemand sonst verstehen muss.
Und all die kleinen Details sind nur für dich ...
in diesem Augenblick.
Teilst deine Zeit mit Fremden und Freunden.
Hast mal Bedeutung oder wirst sofort
vergessen.
Doch der Weg geht immer weiter.
Und es liegt an dir, wo er dich hinführen wird.

Eine Nacht unter den Sternen. Im fahlen Mondlicht, das nur den Kreaturen der Nacht leuchtet.
Eisige Kälte, die den Atem sichtbar macht, welcher sich mit dem diffusen Dunst vermischt, welcher über dem Land liegt.
Nichts ist zu hören nur die eigenen Schritte auf dem Asphalt. Schritt um Schritt. Ohne Ziel ohne Zeit. Auf der Suche nach der Musik vergangener Tage. Nach Tanz und Gesang.
Doch diese Tage verschwimmen, mischen sich mit dunklen Erinnerungen. Ein unlösbares Puzzle im Kopf. Jeder trägt die Konsequenzen seines Seins, bevor man wirklich zuhause ist. Wo auch immer das für jeden sein mag.
Hier liegt nur die Straße vor mir ... und werde ich erfrieren, wenn ich stehen bleibe. So laufe ich ... durch die Nacht ... durch das Leben ... was auch immer es mir entgegen wirft ... Zug um Zug auf dem Schachbrett des Schicksals. Solange, bis der König matt gesetzt ist ... und hoffe, dass mir noch ein wenig Zeit bleibt.

♥

Gefangen in Träumen. Zwischen Realität und Schlaf.
Unfähigkeit sich zu bewegen, aber der Kopf dreht
Runde um Runde. Kreisförmige Bilder des verzerrten
Seins. Während der eiskalte Himmel in Sternenglanz
erstrahlt.

Was ist wahr und was nur Gaukelei des Verstandes.
Ich finde es nicht. Der rote Faden gefallen ...
verknotet. Unmöglich zu entwirren.

Erinnerungen springen wie Schatten aus den Ecken.
Wer bist du? Was bist du? Bist du? Und keine Ruhe ist
dem wirren Geist gegönnt ... nur die Stille als
Begleiter. So laut, dass es schmerzt.

Und gefangen sind wir bis ans Ende der Zeit.
Verflochten ... zwischen dem was war und was sein
wird. Hier und doch schon wieder vorbei ...

♥

In was für einer Welt wir doch leben.
Alles ist gespalten wie nie. Es gibt nur noch Gut und Böse auf allen Seiten.

Die Menschen reden nur noch und niemand hört zu.
Kein Dialog. Jeder geht sich nur noch an die Kehle.
Existenz in der eigenen Filterblase. Kein hinterfragen.
Menschen regen sich auf, weil sie Masken tragen müssen und Menschen regen sich auf, weil Menschen keine Masken tragen wollen ... nur noch Hass und Zwietracht.

Und irgendwo stellt Jeff Bezos den nächsten Geldspeicher auf ... während wir hier unten uns im ständigen Krieg miteinander befinden.

Die Reichen werden reicher.
Menschen leiden ... und Geld ist nur das, was zählt.
Es widert mich so an ... wir sollten zusammenstehen.
Die Welt zu einem besseren Ort machen ... anstatt uns gegenseitig aufzureiben.

Liebe ist das, was wir brauchen ... mehr denn je.
Den anderen akzeptieren ... seine Ängste und Sorgen ernst nehmen. Nicht lächerlich machen.
Einen Dialog finden. Und zusammen eine bessere Zukunft erschaffen ... aus Liebe ... und nicht mehr aus Hass.

Ich bin nur ein unbedeutender Schreiberling am Rande der Welt. Doch ich mag nicht mehr schweigen.
Wenn wir alle in die gleiche Richtung laufen, dann ändern wir etwas.

Macht Liebe und keinen Krieg ... für uns und für die Welt ... auf dass sie ein besserer Ort wird.

Und ein Wort bedeutet alles ... ausgedrückt auf Papier.
Zerknüllt im Mülleimer.
Geschrieben, um gelesen zu werden doch niemals
abgeschickt.
Gefühle frei gelassen ... von Ketten befreit.
Tief aus dem Herzen, doch nie das andere Herz erreicht.
Siehst du den Mond, den wir teilen?
Ob nah, ob fern ... und doch tanzt jeder für sich allein.
Eine alte Seele verschlungen in der Zeit ...
vielleicht viele Seelen.
Die rote Sonne geht über dem dampfenden
Dschungel unter.
Irgendwo spielt ein Lied von Revolution.
Von Unterdrückung.
Von Kampf.
Und das Boot nimmt Meile um Meile.
Und ziehst du doch nur in den Krieg, um zu vergessen ...
während bitterer Tabak deine Lungen füllt.
Ein anderer willst du sein ... doch lässt dich
das Leben nicht los.
Und am Ende tanzen wir alle unter dem gleichen Mond.
Doch jeder für sich allein.

♥

So oft verloren in Gedanken ... dem Abgrund so nah ...
doch niemals ließ sie deine Hand los.
Niemals ließ sie zu, dass du fällst.
Bist rastlos über die Welt gewandelt, doch sie gab dir
immer ein Zuhause.
Ein Platz, um deinen Kopf zur Ruhe zu betten.
Ertrug den Schmerz und sah hinter all den Masken
dein wahres Ich.
Der Clown, der König, das Elend ... all dies war ihr
immer egal.
Nur du hast gezählt ... Tag um Tag.
Egal welches Lied deine Seele durchdrungen hat ...
sie hat es mit dir gesungen.
So oft verloren ... doch sie war da.
Und wird es immer sein. Sie ... ein Zuhause.
Ein Licht im Nebel.
Ein Licht in der Dunkelheit ... und trägst du auch offen
die Narben deines Krieges mit dir selbst ... und trägst
du auch Last und Leid der Vergangenheit.
In ihrem Lächeln und ihren Augen findest du Ruhe.
Und in ihren Armen immer den benötigten Halt.

♥

Eine ganze Welt gepresst in eine Seele ... meistens dunkel und grausam, doch manchmal hell und zärtlich.
Eine ganze Welt voll Geschichten, voll Gedanken, voll Gefühlen.
Und nur ein kleiner Teil gelangt des Nachts auf Papier.
Der Stift malt nur einen winzigen Augenblick.
Eine ganze Welt auf meinen Schultern ... mit all den Freuden und all dem Leid.
An manchen Tagen zu viel für das Herz.
Doch zeigt sie mir das Sein hintern den Spiegeln.
Erschafft eine Realität hinter dem Schein der Existenz.
Drum bin ich dankbar für jedes Wunder und jede Qual, die mein Kopf ausspucken vermag ... den es ist meine ... und sie trägt mich fort.
Wenn Träume nicht möglich sind, dann muss die Feder sie schaffen.
Ob in Schwarzweiß oder kunterbunt.
Jeden Tag aufs Neue ... eine ganze Welt ...

Just some gentle music ... some rain ... some art ...
thoughts ... some coffee and some cigarettes and
finally you can breathe ... you can rest ...
just for a little while ...
when no one is around and the universe just
circles around you ...
for a little while ...
everything is calm ... the thoughts have stopped ...
and you can take a step out of the circle you have
been running so long ...
just for a little while ...

♥

Verliere nicht deinen Kopf ...
Tage der Schlaflosigkeit. Existenz im Nebel. In der Zwischenwelt. Als Phantom deiner selbst. Als Schatten deiner Dämonen.
Stunde um Stunde rast an dir vorbei, doch Minuten quälen sich ewig. Wie Prometheus gefesselt, doch frisst nur der Alkohol deine Leber.
Verlier nicht dein Herz ... nicht an die Kälte. Schmerz reißt Wunden ... bringt Narben. Doch besser das zu fühlen als nichts mehr.
Verlier nicht dich selbst ... zwischen den Trümmern. Zwischen den Vorstellungen der anderen. Zwischen all dem Anspruch der Welt. Du hast nur dich ... nur dein Herz ... nur deinen Kopf ... nur deine Seele.
Und unter den Sternen ... oder im seichten Regen der Nacht findest du dich. Denn die Musik spielt nur deine Melodie. Das Feuer können sie nicht auslöschen.
Das Licht wird überdauern ... bis ans Ende der Zeit. Als Kunstwerk. Was perfekt geschmiedet wurde aus der Dunkelheit.

♥

So füllst du die Leere mit Worten ... Zeile um Zeile auf das Papier.
Nur seltsame Begleiter bleiben dir in der Nacht.
Wilde Tiere ... Regen ... und die Stille.
Gefangen in einem Alptraum ... aus dem es keinen Ausweg gibt.
Gehst durch eine Tür, nur um im selben Raum zu stehen ... Tür nach Tür.
Gedanke um Gedanke.
Keine Seele ist in den Augen der anderen zu finden.
Emotionen unverständlich.
Kalter Rauch umgibt die Szenerie.
Ein wenig Rast auf der roten Bank in Herbstfarben getaucht.
Doch am Ende alles nur schwarzweiß.
Melancholie und keine Trauer.
Suchst Heil in Träumen, doch träumst nicht mehr.
Die Kälte kommt ... nein sie ist längst da.
Und vor dir liegt nur die holprige Straße voll Eis.
So halte ein ... für einen Moment.
Und setz dich ans Feuer zu uns ... die Kälte können wir nicht vergessen machen.
Doch für einen Augenblick lindern.
Im Feuer der Worte ... gesendet in die Dunkelheit ... gesendet in die kalte Nacht.
Und das Feuer wird bleiben ... als Leuchtturm im Sturm.

♥

Die Farben sind verschwunden. Es bleibt nur die kalte Schönheit der Erinnerung an buntere Tage. Im Kopf nur schwarz und weiß. Nur zwei Noten eines kompletten Liedes.

Die Zeit wird leiser und die Wolken tiefer. Die Nächte der Bestie sind angebrochen. Doch hat sie keinen Platz mehr in dem Uhrwerk der Menschen. Jedes Rad muss ins andere greifen. Und das kaputte wird einfach entsorgt. Keine Zeit für Reparatur. Entfernt. Und irgendwo findet sich der Friedhof der kaputten Räder. Ohne Farbe. Ohne Sinn.

Doch derjenige der sie wirklich betrachtet sieht ihre Wunder in Schwarzweiß. Manchmal sind keine Farben nötig. Bunt ist häufig zu laut. Und Ruhe findet sich unter dem einsamen Baum. Ohne Blätter ... doch in sich perfekt. Ohne Schein ... Und du weißt, er wird wieder voll Blätter und Farbe sein ...

🖤

Zerbrochene Teile ... gepresst in Form von der Welt.
Funktionieren. Nach außen zeigt sich das Glück.
Jeder ist zufrieden, damit der Nachbar neidisch ist.
Bloß keine Schwächen zeigen. Männer weinen nicht.
Frauen müssen der Norm entsprechen.

Und ich sitze hier und schaue auf die
Gesetzmäßigkeiten und Ansprüche der Gesellschaft
und bin verzweifelt ob der Lächerlichkeit des
Ganzen. Sehe hinter die Fassade. Sehe Traurigkeit in
den Augen.

Und noch ein happy Post für Instagram. Doch wahre
Schönheit liegt in den zerbrochenen Teilen ... als
Puzzle der Seele. Die jeder für sich selbst
zusammenfügen kann. Jedes Teil ist schön. Hinter
dem Schein für die Welt ...

Dinge brauchen einen Riss ... dort kommt das Licht
rein. Lasst euch nicht sagen, wie ihr sein sollt ...
denn die Besonderheit gibt euch den Glanz. Und nur
die die es sehen sind es wirklich wert ...

♥

Dunkle Computer schreiben endlose Zahlenreihen ...
grün auf schwarz ... sind wir wirklich?
Gefühle wie ein Glitch in einer funktionierenden Welt.
Blitze im Kopf. Was ist noch wahr?
Chaos umspült die heile Reihenhausexistenz ...
Hauptsache der Rasen ist gut gepflegt.
Doch alles brennt ... und nur der Geschmack von Asche bleibt.
Gefangen in der eigenen Persönlichkeit ... umgeben von Maschinen.
Sleep – Work – Eat – Repeat.
Der Fehler im System ... bringt dieses zum Wanken ...
oder wird einfach überschrieben.
Menschlichkeit verloren in unmenschlichem Sein.
Und nur noch grün auf schwarz ... Zahlenreihen ...
unendliche Zahlenreihen ...

♥

Manche Dinge erzählt man nur dem Mond ... von tiefsten Sehnsüchten und dunkelsten Gedanken. Er urteilt nicht.

Manchmal schreibe ich die schönsten Zeilen und lösche sie ... denn sie bleiben unter uns. Nur zwischen ihm und mir. Ohne Wertung. Mit Bedeutung. Und wir singen zusammen.

Er sah mich in tiefsten Abgründen und auch in zärtlichsten Gefühlen. Doch ist er immer da ... ob hinter Wolken ... oder klar. In schwarzem Licht wacht er über uns. Seine Kinder der Nacht. Und wir sehen ihn ... der den viele nicht sehen.

Die Menschen suchen die Sonne wie die Motten das Licht, doch wahre Schönheit findet man nur in den Schatten. So bleibt er ... still und voller Ruhe. Begleitet uns ... und wir sind nicht allein.

Ich treffe euch auf dem Mond ... denn er ist das, was wir alle sehen ... heute und für alle Zeit ...

♥

Oh Sünder ... wo gehst du hin, um Ruhe zu finden?
Verkriechst dich in der Dunkelheit.
Schließt die Welt aus.
Suchst Erlösung auf dem Boden der Flasche.

Doch die Dämonen sind bei dir ... sticheln ... lachen ...
während du in Verzweiflung und Selbstmitleid vergehst.

Oh Sünder ... hast alle Freunde verlassen ... dachtest, du hast sie nicht verdient.
Vergraben in Gedanken und Worten.
Suchst nur heil im Nebel.

Oh Sünder ... doch weglaufen bringt dir nichts.
Keine Flucht gegönnt.
Dort stehst du ... schutzlos ... und erkennst nur dich selbst.

Oh Sünder ... und musst dich nur vor dir rechtfertigen ...
in der Nacht ... in der Stille ... am Boden der Flasche ...

♥

Ertrunken im Universum ... Gedanken verlieren
sich ob der Schönheit der Sterne.

Alles ist ruhig.
Kein Laut zerschneidet die Seele.
Geborgenheit gefunden in der Dunkelheit.

Ein paar kurze Sätze aufs Papier gebracht.
Für niemanden zu lesen.
Allein. Mit all den Gedanken. Mit all den
Gefühlen. Mit all den Sünden.

Grell in den Tiefen der Seele.
Doch für heute geben sie Ruhe.
Die Dämonen schlafen.
Der Kopf wird langsam.

Zwischenwelten von Realität und Traum.
Und langsam lasse ich mich ins Universum
gleiten ...

♥

In was für Zeiten wir doch leben ... man sieht nur noch die Augen der Menschen. Doch sind diese nicht der Spiegel der Seele? Die Welt hat sich gedreht ... nichts ist mehr so wie es wahr. Und ich muss jetzt einfach mal sagen ... ich hab Angst ... Angst, was da kommen mag ... Angst um meine Familie ... Angst davor, was das alles aus der Welt macht.

Ich lebe dafür zu reisen ... als rastloser Geist getrieben um die Welt. Doch jetzt sind wir eingesperrt. Grenzen werden wieder dicht gemacht. Alle Errungenschaften der letzten Jahrzehnte, zerstört in einem Augenblick. Von etwas, das wir nicht sehen können ... etwas so Winzigem ... was so viel stärker ist als wir.

Die Gesellschaft spaltet sich ... noch mehr als je zuvor ... auch das macht mir Angst. Die Regierung trudelt von Maßnahme zu Maßnahme und es wirkt nur noch wie eine Farce ... und wir sind uns selbst überlassen. Jeder muss für sich entscheiden, wie er damit umgeht. Niemand wird kommen, uns zu helfen. Sie wissen auch nicht, was sie da tun.

Den Leugnern halte ich entgegen, dass ich eine Sache aus hunderten Endzeitfilmen gelernt habe ... die Regierung verharmlost normalerweise ... um eben keine Panik zu schüren und nicht um Panik zu verbreiten ... aber das sind nur meine zwei Cent ... und ich glaube daran, dass die Seuche da ist.

Ich habe Angst um meine Gesundheit ... um die Gesundheit vieler ... die Seele und der Körper leiden. Doch es gibt keinen Ausweg. Menschen sterben ... und es werden noch viel mehr sterben ...

Und nur an uns liegt es, dass nicht noch mehr sterben ... an jedem von uns.
Es ist o. k. Angst zu haben ... ich schäme mich dafür nicht ... und dass solltest du auch nicht. Diese Zeiten fordern Stärke ... doch die kann man nicht immer leisten. Aber ihr seid nicht allein.

Am Ende bleibt mir nur zu sagen ... achtet auf euch ... achtet auf eure Lieben ... die Welt wird eine andere ... und damit müssen wir leben. Bleibt gesund da draußen ...

So ist das Leben ... du läufst deinen Weg ... manche Tage sind Sturm und manche Tage sind Ruhe.

Du gehst Schritt um Schritt ... immer weiter. Stolperst. Sitzt manche Tage nur am Rand und beobachtest die Bäume im Wind. Oder rennst manche Tage nur durch den Regen.

Keiner kann deinen Weg gehen. Keiner deine Gedanken verstehen. Du kreuzt Wege. Manche bleiben. Viele verlieren sich. Einige verändern dich. Nichts bleibt, wie es war. Und du kannst nicht viel mehr tun, als deine eigenen Lieder zu singen. Und doch ist es das Gewaltigste im Universum.

Dein Stern leuchtet nur für dich und dieser wird immer sein. Auch wenn an manchen Tagen die Wolken ihn verdecken ... bleibt achtsam.

Der Weg geht weiter ... heute Nacht und bis ans Ende der Zeit ...

♥

Falsche Propheten säumen den Weg ... der Weg ein Kreis. Ohne Start und ohne Ziel.

Du dachtest, du wärst der Teufel ... bis der Teufel dich gebrochen hat. Ausgespuckt auf das Leben.

Und nun sitzt du am Abgrund und schaust hinab. Rauchst Zigarette um Zigarette.

Irgendwo in den Wirren deines Kopfes spielt Musik. Doch die Lieder ändern sich konstant.

Und wieder das Feuerzeug.

Kein Windhauch ... kein Regen ... nur Nebel. Leer. Und irgendwann fällt eine einsame Träne in die Dunkelheit.

Doch das Aufkommen hörst du nicht.

Und nur wieder das Feuerzeug ...

♥

Wirbelstürme im Kopf ... ständiger Krieg der Dämonen in der Seele.

Kein Licht ... keine Freude. Nur Verderbnis und Staub. Staub auf der Straße des Lebens.

Und irgendwo liegt ein toter Waschbär halb verwest.

Taumelnd dem Sonnenaufgang entgegen.
Doch die Sonne geht nie auf.

Gefesselt.
Unfähig sich zu bewegen.

Doch irgendwo weit entfernt oder doch unglaublich nah erklingt eine Stimme.

Eine Stimme voll Zärtlichkeit ... alles wird gut ... du bist genug ... du bist gut, so wie du bist ... und durch all den Nebel erkennst du ... dass es diesmal vielleicht wirklich wahr sein kann ...

♥

So wanderte ich heute getrieben vom Nebel der Gedanken ziellos durch die Straßen auf der erfolglosen Suche nach Ruhe ... dann sah ich ein Blatt ... gerade gefallen ... in makelloser Schönheit im Wasser des andauernden Regens liegen ... in völliger Reinheit ... noch nicht beschmutzt durch die Tritte unachtsamer Menschen ... es lag nur da und war vollkommen ... strahlend doch tot ... Hatte Platz geschaffen, auf das Neues entstehen kann.

Und sein letzter Wunsch war mir ein kleines Stück Freude zu bereiten. Ein winziger Augenblick des Lichts in den Tagen der Vergänglichkeit. Und ich bin dir dankbar ... mein kleines Blatt ... für den Augenblick, der nur für uns war ... und ich denke an dich in diesen Stunden der Dunkelheit. Und der Gedanke begleitet mich durch die Nacht ... das Wissen um die Wunder der Welt.

Und plötzlich werden meine Probleme ganz klein ... denn das Universum ist viel zu gewaltig und voller Magie ... man muss sie nur sehen ... und dann verstehen.

Ich bin nicht mehr als das Blatt auf der Straße ... und die Wichtigkeit der Menschen, die sie sich selbst auferlegen, verblasst ... an diesen Tagen und Nächten des Wandels.

Auf das was Neues entstehen mag ... in mir oder auch in der Welt ...

♥

Eines Tages bist du alt ... der Tag rückt immer näher ... Knochen schmerzen schon und die Wunden verheilen nicht mehr so leicht wie früher.

Und du sitzt auf deinem selbsterwählten Thron ... schaust auf dein Leben. Siehst Fehler ... siehst Krieg ... Verzweiflung ... und ab und zu ein kleines Glück ... und all dies hat dich an diesen Punkt gebracht ... all die Suche nach Bedeutung verliert sich in Bedeutungslosigkeit ... und alles, was bleibt sind Geschichten, die keiner mehr hören mag.

Bist immer noch König, doch dein Königreich ist nichts mehr als Staub und Leere ... verhallende Lieder vergangener Zeiten.

Eines Tages ... doch jeder Tag bringt dich dem ein wenig näher ... und die Zeichen klopfen immer ein wenig lauter an das Tor ...

♥

Und du reitest auf dunklen Wolken ... die nur Regen übrig haben.
Graue Tage ... kalte Nächte.
Ertrunken im Schein der Laternen.
Irgendwo fließt ein Fluss.
Wohin auch immer.
Wahrscheinlich versickert er im ausgedörrten Land.
Wolke um Wolke.
Springst du.
Doch landest immer im Kaninchenbau.
Tiefer.
Und der Ausweg versperrt von zähnefletschenden Monstern ... wo ist der Schlaf, der Ruhe bringt?
Wo ist das Licht, wenn man es braucht?
Wolke um Wolke ... und kein Stern leuchtet am Firmament ...
🖤

Schau auf die Welt ... höre ihren Klang.
Alles ist bunt und niemand ist glücklich.
Der traurige Clown tanzt für die Massen.

Der Schreiberling bringt nachts Worte auf Papier ...
für jeden und keinen.
Schaut in die Augen der Menschen ... seht ihre Seele.

Hinter all den Fassaden steckt Traurigkeit und doch postet jeder sein Essen auf Instagram ... für ein wenig Bestätigung in dieser kalten Welt, die sich nur nach Liebe sehnt.

Hört auf das Lied des traurigen Spatzen, der in dem toten Baum sein Heim gefunden hat.
Es klingt wunderschön ... doch nie vergessen sei die Dunkelheit.

Achtet auf euch und achtet auf andere ... wenn wir es nicht tun, dann niemand.

Hinter der glitzernden Leuchtreklame steckt so oft nur ein kaputter Geist ... und am Ende des Tages brauchen wir alle nur eine Seele, die unser trauriges Lied vernimmt ...

♥

Betrunkene Schlaflieder ...
für eine Seele so weit entfernt ...
Gedanken an sie die durch nichts zu betäuben sind ...
Schmerz der Seele ...
Schmerz des Herzens ...
das Bedürfnis, sie zu riechen ...
ihr Geruch bedeutet Zuhause ...
tanzen ...
zu ihrer Musik ...
denn deine ist seltsam ...
tanzen ...
spüren ...
eine Verbundenheit, die nie gekannt ...
und auf ihren Lippen findest du die Wahrheit ...
das was immer gesucht ...
entfernt ...
doch ihre Stimme begleitet dich durch die Nacht ...
bist verloren in ihren Augen ...
und kannst nur Worte hinterlassen ...
auf, dass sie sie liest ...
und ihr wieder tanzt ...
zu ihrer Musik ...

♥

Vielleicht ist Chaos der Antrieb ... um seltene Momente der Ruhe wirklich annehmen zu können ... die rastlose Seele ... schreiben, um des Schreibens willen.
Die Musik muss laut sein, damit die Gedanken leise werden.
Geboren aus Chaos ... und das bleibt im Herzen.
Menschen suchen nach Ordnung, doch am Ende fehlt ihnen was. Ordnung gibt Sicherheit ... doch manchmal ist Sicherheit nicht das Richtige ...
so singen und tanzen wir im Schein der sterbenden Sterne ... und das Chaos ist das, in dem wir uns am wohlsten fühlen ... denn Sicherheit und Normalität ist letztlich doch nur langweilig.
So bleibt, wie ihr seid ... und tanzt ...

♥

Manchmal fehlen die Worte, um ein Gefühl auszudrücken ... um einen Gedanken zu formulieren.

Dann schickt man ein Lied ... und jede einzelne Zeile und jede einzelne Note sagt das, was man zeigen möchte ... ein Lied, das alles bedeutet ... und man hofft, dass das Gegenüber zuhört und versteht ... und man vielleicht das Herz berührt.

Und man gemeinsam sich in der Musik verliert ... Note um Note ... manchmal bedeutet ein Lied die Welt ...

Man ist, was man ist …
Menschen ändern sich nicht …
man versucht, sich anzupassen …
mit anderen Menschen zu leben …
doch man bleibt, was man ist.

Und so blute ich Worte auf Papier …
in der Nacht.
Nicht von Bedeutung.
Flüchtige Berührungen der Seelen von Menschen …
doch am Ende bleibt nur Staub …
in der Dunkelheit …

♥

Und so frage ich mich selbst ... warum liebt sie den Wolf?
Das alte vernarbte Tier ... von zu vielen Kriegen gezeichnet.
Unstet. Heimatlos.
Immer im Kampf mit sich selbst.
Ein schönes Tier ... aber die Hunde wären so viel einfacher.
Gehorsam und folgsam. Berechenbar.

Doch sie liebt den Wolf ...
sie, die Leben in den Augen hat.
Sie, die voller Wärme ist.
Und das Tier schaut mit Verwunderung. Misstrauisch.
Doch sie gibt ihn nicht auf.
Und er kann nicht mehr ohne sie sein ... wird nie gezähmt, doch das will sie gar nicht.

Er will ihre Wärme ... er will ihre Liebe. Denn zum ersten Mal könnte es ein Zuhause sein.
Und so frag ich nicht mehr, warum liebt sie den Wolf ... denn beide sind verwoben. Irgendwie.
Durch etwas Größeres ... und so soll es sein ...

♥

Wie fragil unsere Welt doch ist … im Dezember schrieb ich das erste Mal über Corona. Damals gab es angeblich erst 432 Infizierte im fernen China.

Ich hätte nicht gedacht, wie prophetisch ich war … Dann sah man die ersten Menschen in den Straßen mit Masken.
Die Supermärkte waren leer gekauft. Ich war im Lockdown auf der Autobahn unterwegs im einzigen Auto.
Apokalyptische Stimmung …

Und heute … wir haben uns an die Masken gewöhnt. (Und nein, ich möchte hier echt bitte keine Maskendiskussion … darum geht es nicht.)

Wie schnell wir aufgehört haben, anderen Menschen die Hand zu geben … heute umarme ich nur noch Menschen, wenn ich das wirklich will und nicht mehr aus Freundlichkeit.

Als eigenständige Entscheidung, die weitreichend sein kann. Wir haben uns angepasst … jeder von uns lebt damit. Mit etwas, wovon wir vor einem Jahr nicht mal wussten, dass es das gibt.

Ein kleines Puzzleteil hat unser Leben grundlegend verändert. Uns aber als Menschheit nicht klein bekommen. Das finde ich eine gute Lektion … ein Jahr kann alles verändern.

Man sollte sich nicht in Kleinigkeiten verlieren, auch wenn mir das schwerfällt. Probleme gehen und wir sind noch da … bleibt stark … auch wenn es manchmal nicht geht.

Aufgeben ist keine Option. Und bleibt gesund.

Zwei Seelen.
Zwei Leben.
Eines da draußen und eins hier drinnen.

Ruhe und Chaos.
Feuer und Eis.
Flucht und Kampf.

Es fehlt ein Puzzleteil zum Ganzen.
Zur Vollständigkeit.

Und irgendwann platzt mein Kopf.

Schlaflos ... versuchen zu vergessen.
Allein mit den Gedanken.
Allein mit den Dämonen.
Auf der Suche nach Heimat.
Nach zuhause.
Zwei Seelen in der Brust.
Zerrissen.
Kein Schlaf möglich.
Die streunende Katze als Gesellschaft.
Sie singt ihr Lied für mich.
Und schaut aus großen Augen.
Meine Gesellschaft für die Nacht.
So geht die Einsamkeit.
Für diesen Augenblick.
Und ich bin dankbar ... für ein warmes kleines Herz ...
das sonst so weit entfernt ...

♥

Menschen erzählen von ihren Gedanken ... doch sehen sie die Wahrheit nicht.

Wo auch immer der Fluss mich hinbringt, werde ich mein Haupt betten. Unter funkelndem Sternenhimmel oder im schönsten Regenschauer.

Begegnungen wie im Rausch ... kurz berührt und dann vergessen. Nur einzelne bleiben ... brennen sich in die Erinnerungen. Schmerzhaft schön ... ein Vergessen unmöglich.

Auf der Reise über den brennenden Horizont. Begleite mich ein Stück und erzähl mir deine Geschichte.

Zu wenig hören zu ... doch mein Verstand ist offen und mein Interesse ehrlich. Und die Straße ist und bleibt die einzige Konstante ... wo auch immer du sein magst.

Vielleicht sind meine Narben zu tief ... die Dämonen zu stark. Die Dunkelheit meiner Seele zu mächtig ... vielleicht ... ich sehe Sterne in ihren Augen ... Feuer in ihrer Stimme ... und ein Herz so gewaltig wie das Universum.

Doch kann ich gerettet werden?

Verliere mich in Gedanken ... verliere mich in der Vergangenheit ... Wunden geschlagen tief wie Krater ... nur oberflächlich repariert ... und es blutet immer weiter.

Existieren ... in einer Zwischenwelt.

Vielleicht kann ich gerettet werden ... der alte Wolf ohne Ziel ... vielleicht ... doch noch ist Glauben in mir ... vielleicht ... wenn das Feuer die Kälte besiegt ... wenn ich nicht aufgegeben werde ... vielleicht ... ein kleines Licht brennt noch hinter der Tür ... vielleicht ... Hoffentlich ...

♥

Gefangen im zu kleinen Käfig ... wie ein
verwundetes Tier in die Ecke getrieben ...
eingesperrt ... in Normen gepresst.
Sei dies ... sei das ... fühle dies ... tue das.
Kein Ausweg aus dem Käfig.
Und die Narben werden jeden Tag tiefer.
Der Abgrund so nah.
Dunkel und ruhig.
Und jeden Tag fickt dich dein Kopf ... kein
Entkommen aus dem Käfig.
Trauer ... Schmerz ... Verlorenheit ... und die Welt
dreht sich weiter.
Alles läuft um dich herum.
Sieht dich nicht.
Rasende Geschwindigkeit und du stehst ... gefesselt.
Unfähig zur Bewegung.
Unverständnis.
Und nur noch tote Augen im Nebel.
Deine Seele so besonders ... so anders.
Aber die Welt hat keine Seele mehr.
Will keine Seele mehr.
Keine Rettung aus dem Käfig ...

♥

Regen fällt leise auf die Straßen der Stadt ...
keine Seele ist zu sehn ...
durchs kleine Fenster beobachte ich jeden Tropfen und bewundere seine Schönheit.
Wenn das Licht der Laternen sich in jedem Einzelnen bricht.

Die Welt schläft und niemand hat Zeit für die Wunder dieser verregneten Nacht.
Jeder hat irgendwas zu erreichen.
Muss rennen ... ein Ziel ohne Bedeutung.

So sinnlos ... und so sitze ich hier ... die Melodie des Regens füllt den Raum und die Leere in mir.

Sie gehört alleine den Seelen der Nacht, den Einsamen, den Liebenden, den Verzweifelten ... in diesem Augenblick, der alle Sorgen verwischt.

Möge er niemals enden.

♥

So scheint die Reise unendlich ... ohne Ziel ... treiben die Seelen verloren auf dem Fluss des Seins.

So oft fühlt man sich als Spielball ... ohne Kontrolle ... Wege verzweigen sich und du verzweifelst ob der Entscheidung, welcher besser wäre ... welcher dir Glück verschafft ... sei es nur für einen Augenblick oder die Ewigkeit.

Und der Nebel wird dichter ... einen Schritt nach dem anderen wolltest du gehen, doch fällst du so oft drei zurück.

Und die Begleiter werden weniger ... oft entfernt und sei es nur vom Verständnis.

Doch ist es dein Weg ... du musst ihn gehen ... du gehst ihn ... und ich hoffe für dich, dass du dort ankommst, wo du sein willst ... dort wo dein Herz endlich Ruhe findet ...

♥

Und siehst du die Wunder dieser Erde?

Erschaffen aus Staub und Staub sollen sie wieder sein. Wie das Universum sich dreht und doch nur du existierst?

Sterne entstehen und Sterne sterben ... so sagt es die Geschichte ... so zeigen es die Gefühle.

Und wir treiben jeden Tag als Beiwerk auf dem Fluss des Lebens.

Dinge verändern Menschen ... Menschen verändern Dinge ... und Menschen verändern Menschen ... und alles, was wir suchen ist Ruhe und Hoffnung und Liebe ... doch sind wir kaum mehr als der Schaum auf der Welle.

Selbst der Teufel war einst ein Engel ... so steht es geschrieben und so wird es gewesen sein.

Wirre Zeilen in wirren Zeiten ... ausgespuckt aus der Seele.

Mögen sie etwas bedeuten oder auch nicht ... wer mag dies bestimmen?

So bleiben wir schwarzweiß ... heute ohne Farbe ... und nur ein kleines Licht brennt noch am Horizont ...

♥

Selbst sei der Tag noch so dunkel und kalt ...
die Welt voll Schmerz und scheint so hoffnungslos ...
jeder Weg so schwer und nur Gleichgültigkeit in den Augen der Straße ...
wenn es scheint, dass alles verrückt geworden ist ...
du nur noch fällst ...
und Einsamkeit dich fast zerreißt ...
sei dir gesagt ...
und hör genau hin ...
da draußen ist jemand und er schreibt die schönsten Liebesbriefe an dich ...
da draußen ist jemand, der nur voll Wärme an dich denkt und jede Nacht nur von dir träumen will ...
da draußen ist jemand, der nur dir das Glück der Welt wünscht ...
so ehrlich und rein ...
lass dir das gesagt sein ...
höre gut zu ...
wenn du Nacht um Nacht wach liegst und zweifelst ...
da draußen ist jemand und für ihn bist du die Welt ...

♥

Und der Künstler sieht die Welt in Farben, die der
Mehrheit verborgen sind ...
sieht die Schönheit in kleinsten Dingen ...
empfindet den grausamsten Schmerz ...
und malt auf Leinwände ...
kritzelt auf Papier ...
singt in tiefer Melancholie oder höchster Freude ...
um Gedanken zu erschaffen ...
Seelen zu berühren ...
Gefühle auszulösen ...
und wenn nur ein kleines Herz einen Augenblick
der Liebe empfindet, dann sei sein Werk getan.

Die Welt für eine Sekunde ein besserer Ort.
Ein kleines Licht, das durch die Tristesse dringt.
Ein Lächeln auf ein Gesicht gezaubert wurde ...
und der Künstler verschwindet wieder in der
Dunkelheit seines Geistes ...
doch vielleicht bleibt ein bisschen Erinnerung ...

♥

Zwei Seelen verbunden ... durch unsichtbares Band ... dass nur sie spüren können.

Auf einem Pendel ... mal zueinander hin mal von einander weg ... doch können sie nicht ohne die andere ... die eine Feuer ... die andere Eis ... so unterschiedlich ... und doch so gleich.

Im ewigen Tanz miteinander verbunden ... so schmerzhaft ... so wunderschön ... treiben sie durch ihr Leben ... ohne die andere gibt es keine Vollkommenheit ... und nur das Gefühl der Leere ... und sollten sie jemals vereint sein, bleibt die Zeit stehen ... und Licht und Schatten formen das reinste Kunstwerk ... sollten sie jemals wirklich vereint sein ...

♥

Und die Kälte kriecht dir in die Knochen ...
schleicht sich ein ... lähmt dich.

Du siehst dein Leben von außen ... was ist aus
deinen Wünschen geworden?
Was aus deinen Träumen?

Am Ende ist nur die Kälte ... und du selbst ...
im Spiegel ... verzerrt ...

und die Jahre vergehen ...
nur die Hoffnung schicke ich dir ... dass du
erkennst, dass du mehr wert bist ...
dass jede Sekunde voll Schmerz verschwendet
wurde ...

denn am Ende bist nur Du ...
im Spiegel ...
klar und deutlich ...

♥

Gefangen in den Zeiten ... du fühlst dich nicht alt ... bist aber nicht mehr jung ...

Tage vergehen vor deinen Augen ... die Zeit läuft durch das Sandglas ... Korn um Korn ... und du stehst neben deinem Leben und denkst dir: Wo ist die Zeit hin?

Bist du zufrieden mit dem, was aus dir geworden ist?

Das ist dein Leben ... du bist derjenige, der das Mammut erlegen muss ... diejenige, die die Beeren in die Höhle bringen sollte ...

niemand kann mehr Verantwortung für dich übernehmen ... das ist dein Leben ... so triff deine Entscheidungen weise ... oder nicht ... am Ende sind wir nur Sternenstaub auf der Scheibe des Lebens ...

♥

Hoch fliegend ... bewundert ... doch einsam in dem goldenen Käfig ... und nur der Mond bleibt als Gesprächspartner ...
er hört zu ... er wertet nicht ... nicht die Sünden deines Lebens ... nicht den Schmerz deiner Seele ... wertet nicht darüber, wie du dich selbst zerstörst ... verloren am Grund der Flasche ... auf der Suche nach Glück ... dem einen Glück ... dem Ankommen ... und alles, was ich tun kann ist meine Zeilen dem Mond zu erzählen ...

🖤

Nach manchen Tagen fühlst du dich einfach leer ...
der Staub des Tages bröckelt von dir ab und du starrst
in die Dunkelheit.

Kein klarer Gedanke mehr möglich ... keiner mehr
nötig.

Nur das sonore Rauschen deines Verstandes.

Müde.

Und alles, was bleibt sind einige kurze Momente der
Ruhe ... das Nichts, das dich kurz innehalten lässt ...
zu viele Stürme hast du gesehen.

Zu weit bist du gelaufen.

Verirrt in der Wildnis deines Verstandes.

Und am Ende ist es nur der Mond, der dich sieht ...
der deine Geschichte hört ... und die Leere ... nach
diesen Tagen ...

♥

Dann sitzt man am Rande der Welt ... und schaut auf das Treiben ...
schreibt Zeilen der Sehnsucht ... und verliert sich in Gedanken ...
kein Teil der Welt ist man und doch muss man in ihr existieren ...
Wort um Wort auf Papier gebracht ...
die schönsten Melodien schreibt die Melancholie ...
und leicht verliert man sich in ihr ...
doch hab ich nicht mehr ... doch kann ich nicht mehr ... als Nacht um Nacht, ein kleines Gedicht zu verfassen ...
nur für mich und ein wenig für euch ... die, die es lesen ...
und vielleicht sich finden ...
so sei es und so wird es immer sein ...

♥

Und so tragen wir den Mond in unseren Herzen ...
Kinder der Nacht ... so oft ausgesetzt dem hellen
Sonnenschein und doch quält er uns ...
wir passen nicht in diese Welt ... geschaffen von den
anderen und existieren nur an ihrem Rand ...
blühen auf in der Stille ... unter den Sternen ... denn
dann können wir atmen ... dann können wir sein ...
und siehst du mir in die Augen ... so siehst du die
Dunkelheit ... die Tiefen hinter der Maske ...
und du verstehst ...
wenn wir schreiben ... wenn wir malen ... wenn wir
singen ... ob nur für uns oder für viele ...
denn wir sind nicht allein ... du bist nicht allein ... da
draußen im Lärm der Welt ...
und so schicke ich einen guten Gedanken an euch ...
einen Funken Hoffnung ... ein kleines Licht des
Trostes ...
wir sind nicht wie sie ... aber einzigartig ... in allem ...
in Trauer... in Liebe ... in der Seele ...
und das vergessen wir nie ...
Kopf hoch ... Kind der Nacht ...
jetzt ist unsere Zeit ...
hier und im Mondenschein ...

♥

So viel verschwendete Zeit ...
so viel verschwendete Stunden ... Tage ... Wochen ...
immer im Kampf mit sich selbst und ich hab dich nicht gesehen ...
die Dämonen versuchen mich zu brechen ...
jeden Augenblick ...
und ich verschwende Zeit auf sie ...
verloren im Abgrund der Seele ... und ich hab dich nicht gesehen ...
es wären Tage des Glückes gewesen ... doch die Dunkelheit hat mich zerrissen ...
so viel verschwendete Zeit ...
und ich weine jeder Sekunde nach ...

♥

Zweifel führen zu Chaos ... Chaos im Kopf und Chaos im Herzen ...
der Weg im Nebel ... obwohl das Ziel klar ... stolpere ich durch die Dunkelheit ...
fühle mich verloren ... allein ... ohne Bedeutung ...
und die Dämonen in der Seele lachen mich aus ...
sie sagen, du musst auf dich selbst achten ...
doch niemand weiß, wie schwer das ist ...
und ein alter Mann spielt ein trauriges Lied am Straßenrand ...
doch niemand beachtet ihn ...
verzerrte Gestalten, die im Dunkel lauern ... dass du stolperst und liegen bleibst ...
keine freudiges Ende der Geschichte ... denn so verschwinde ich im Dunst ...
kein magischer Trick ... nein ...
nur die Bedeutungslosigkeit ...

♥

Und jedes Gefühl zerreißt deine Seele ... jede Emotion wie ein Gewitter im Kopf ... unerträglich oder wunderschön ... schwarz oder weiß ...
und erschöpfend ... wie tausend Nadelstiche auf der Haut ... fühlen ... und kein Entkommen ...
ein Schmetterling bricht dir das Herz, da du seine Sterblichkeit siehst ...
eine Melodie bringt dich zurück in die Erinnerung ... mit all ihren Facetten ...
und nichts kann vergessen werden ... zu viel Schmerz für ein einzelnes Herz ...
und nach dem Fallen nur Leere ... starren in die Nacht ... bis der Kreislauf wieder beginnt ...
die Suche nach mehr ... und sei sie noch so ungesund ...
du kannst laufen ... aber dir selbst nicht entkommen ... niemals ...
und am Ende des Tages musst du lernen, mit dir selbst zu leben ... so schwer es ist ...
heute und für alle Zeiten ...

♥

Und die Alpträume kriechen jede Nacht in dir hoch ...
keine Ruhe zu finden ...

Betäubung funktioniert nicht ...
deine Seele fährt Achterbahn ...
verloren am Abgrund ...
wer bist du?

Wer willst du sein?

Jede Frage hämmert sich in deinen Verstand ...
wer bist du?

Und sie tanzt durch die Nacht ...
über regennassen Straßen ... unter dem Himmelszelt ...
tanzt für sich allein ... und sie braucht niemanden.

Und du siehst sie ... und sie sieht dich ...
in deinen tiefsten Abgründen ...

doch sie lächelt ... und sie tanzt ... in deiner Seele ...

und alles, was du tun kannst, ist am Rande zu stehen
und ihre atemberaubende Schönheit zu sehen ...

wenn sie tanzt ... wenn sie lächelt ... nur für dich ...

in diesem einen magischen Moment ... und nichts
existiert ... nichts vorher und nichts danach ...

denn die Zeit steht still ... wenn sie tanzt ...

♥

Und spät in der Nacht liegst du wach ... gequält von Gedanken ... von deiner Seele ... von der Dunkelheit.
Und starrst auf den Dämon am Ende des Bettes.
Was will er nur?
Was treibt ihn um?
Warum sei dir kein Schlaf vergönnt?
Und du denkst ... und du grübelst ... doch keine Lösung findet sich hinter den Spiegeln ...
und so vergehen Stunden ... Nacht um Nacht ... und nie fand es sein Ende ...
kein traumloser Schlaf ist dir vergönnt ...
so gibt es keine Ruhe den Gottlosen ... auf heute und immerdar ...
denn ein freier Geist gönnt keine Ruhe ...
Bilder erscheinen im Kopf ... sei es auch noch so erschöpfend ...
doch normal willst du auch nicht sein ...
drum fordert alles seinen Preis ...
und jeder muss ihn bezahlen ...

♥

Die wahre Liebe ...
wir alle suchen sie ...
während wir verloren über die Welt stolpern ...
suchen sie in all den bedeutungslosen Augen ...
in all den bedeutungslosen Begegnungen ...
der eine Mensch, der dich wirklich fühlen lässt ...
der dich so annimmt, wie du bist ...
mit all der Dunkelheit ...
mit all den Narben der vorherigen Begegnungen ...
der eine Mensch ...
an den du nachts um drei denkst ...
der eine Mensch, der deine Seele berührt ...
der das Feuer in dir entfacht ... den suchen wir ...
und ich wünsche jedem, dass wenn er ihn findet ...
er ihn auch behalten kann ...
egal welchen Krieg du führen musst ...
welch Schmerz du durchlebst ...
er ist es wert ...
die eine wahre Liebe ...

♥

Und die Zeit läuft ... Sekunde um Sekunde ... jeden Tag werden die Knochen ein wenig schwerer ... jeden Tag der Blick ein wenig trüber ... fast unmerklich ... doch spürbar in verletzlichen Momenten.

Und du denkst an die Augenblicke, die du verschwendet hast ... die Zeiten, als alles einfacher war und man doch nur die Probleme gesehen hat.

Als das Herz schwer war und die Gedanken dunkel ... und eines Tages siehst du die Sterne und erkennst deine Sterblichkeit ... und nichts wird dir zurückgegeben.

Keine Stunde erstattet, in der du mit dir selbst im Krieg warst ... was eine Verschwendung ...

Zwei Seelen ... verbunden zu einer ...
einzigartig ...
geschaffen für einander ...

nach all der Dunkelheit ...
nach all dem Schmerz ...

ein Hafen ...
einen Platz den Anker zu werfen ...
anzukommen ...
verbunden ...

so kitschig es klingt ...
so finde ich Ruhe in deinen Augen ...
und wir sehen den gleichen Mond ...
in der Nacht ...
die Sterne tanzen nur für uns ...

und der Lärm der Welt verstummt ...
und der Lärm in meinem Kopf verstummt ...

fallen lassen ...
einfach sein ...
ohne Maske ...
verbunden ...
geöffnet ...

und nichts scheint mehr von Bedeutung ...
außer unser Tanz ...
im Mondlicht ...
zu unserer eigenen Melodie ...

♥

Denn so oft wissen wir nicht wertzuschätzen,
was wir haben ...
und rennen und rennen ...
immer auf der Suche ...
doch manchmal sollte man einfach stehen
bleiben und sich umschauen ...
denn so oft verliert man ansonsten das, was
man eigentlich am meisten braucht ...

♥

Sie brannte für die Welt ...
sie brannte für das Gute im Menschen ...
sie brannte für die Liebe ...
hatte Feuer in ihren Augen, welches Du noch nie vorher gesehen hast ...
und am Ende brannte sie auch für dich ...
wie noch nie jemand zuvor ...
ein Feuer das wärmte ...
und nicht zerstörte ...
der Halt bot und Schutz ...
und doch nie langweilig wurde ...
und niemals hattest du Angst zu verbrennen ...
denn dieses Feuer erhellte die Dunkelheit in dir ...
zeigte dir den Weg ...
und du hast dagegen angekämpft ...
sagtest dir immer wieder, dass du es nicht verdient hast ...
wolltest fliehen ...
und doch ...
das Feuer ließ dich nicht los ...
sie hatte den Funken in dir bereits entzündet ...
egal wie weit du gelaufen bist ...
nur ihre Augen in deinen Gedanken ...
und ihre Flamme in der Seele ...
das wahre Licht ...
denn sie war das Feuer ...
dass dich reinigte ...
und dass was du immer brauchtest ...

♥

Und so blutest du jede Nacht Worte auf Papier ...
Gedanken aus der Seele ... in der Hoffnung, dass dein Herz leichter wird ...
jeder Buchstabe malt ein Bild ... doch nur in Schwarz und Weiß ... Farben vergangen ... verloren ... in der Dichte des Nebels ... versunken am Rande des Wahnsinns ... und der Abgrund starrt unentwegt zurück ...
doch die Zeilen müssen raus ... wie Feuer brennen sie ... auf der Suche nach Ruhe ... die so weit entfernt scheint ... die Steine auf dem Weg zu groß ... und deine Beine schwer ...
doch du gehst ... Meter um Meter ... auch wenn das Ziel nicht klar ... dein Sein ohne Bedeutung ... doch gib nicht auf ... ich bitte dich ... denn nichts ist für die Ewigkeit ...
und Schmerz wird vergehen ... so war es immer ... und so wird es immer sein ...
und bis zu diesem Tag blutest du jede Nacht Worte auf das Papier ... in ihrer wahren Schönheit ... so dunkel sie auch manchmal sein mag ...

♥

Und ein einzelner Stern funkelt zwischen den Wolken ...
schaut auf dich ...
und sieht deine Seele ...
vielleicht ist er bereits vergangen ...
doch vielleicht funkelt er bis ans Ende aller Zeiten ...
und du fühlst dich wie der Stern ...
einsam funkelnd zwischen all dem Staub der Welt ...
ein kleines Licht in der Dunkelheit ...
im Widerstand gegen all das Schlechte und den Hass in diesen Zeiten ...
doch glaube mir ...
du bist nicht allein ...
wir funkeln alle für uns ...
doch zusammen ergeben wir das schönste Bild ...

♥

Und plötzlich erklingt eine leise Melodie ...
unterbricht die Melancholie der Stille ...
der Dunkelheit ...
trägt dich fort ...
an längst vergessene Orte ...
du fällst in Erinnerungen ...
und jede Zeile so vertraut ...
jeder Ton lässt dich fühlen ...
wie es war ...
die Zeiten ändern sich ...
du wirst älter ...
warst damals ein anderer ...
doch für einen Augenblick lässt dich diese Melodie
wieder sein ...
als ob die Welt sich nie gedreht hat ...
als ob wir nie aufgehört haben, zu tanzen ...
und dann ist es wieder wahr ...
und wird es auch immer sein ...
in der Musik ... in diesem Lied ...
das weit entfernt durch die graue Nacht fließt ...
und jede Faser deiner Seele berührt ...

♥

Was hält dich nachts wach?
Welche Gedanken?
Welche Sorgen?

Wo willst du hin?
Wer willst du sein?

Folgst den Sternen auf ihrer Reise.
Zur Unendlichkeit.
So klein.
Bedeutungslos fühlst du dich.

Doch bist du das Rad, das das Universum am Laufen hält und ohne dich funktioniert nichts …
sei dir dessen bewusst …

und verliere dich nicht in schlechten Gedanken …
morgen ist ein neuer Tag und wir versuchen es wieder …
bleib stark da draußen …

wir sind hier und wir hören dein Lied …
heute und für immer …

♥

Jeder hat seine Geschichte zu erzählen ... eine Geschichte von fröhlichen Abenden ... von Zärtlichkeiten ... von Verletzungen ... von verlorenen Freunden ... eine Geschichte, die nur die Seine ist ... den Weg, den jeder nur alleine geht ... eine Geschichte, die das Leben schrieb ... oder das Schicksal ... oder die man nur selbst auf Papier gebracht hat.

Eine Geschichte aus der Seele ... die wirklich etwas bedeutet. Und man muss sich nur die Zeit nehmen, zuzuhören ... sich hinsetzen und zu lauschen ... zu lernen ... zu erleben ... ein Stück des Weges zu teilen ...

die Geschichte der alten Frau, die noch in der Tankstelle arbeitet, da die Rente nicht reicht ... die Geschichte von dem gehetzten Geschäftsmann, der sich bereits im zweiten Burnout befindet ... die Geschichte des einsamen Jungen, der verloren im Regen sitzt ...

nur zuhören ... nicht nur darauf warten, dass man selbst dran ist mit dem Erzählen ... denn jemand wird kommen, der wirklich deine Geschichte hören will ...

und dann wirst du erfahren, was es den Menschen bedeutet hat, denen du nur zugehört hast ... denn jede Geschichte ist wichtig ... und jeder sollte gehört werden ... dann wird die Welt ein besserer Ort ...

denn die Geschichten sind es, die diese Welt zu dem machen, was sie sind ... So hört die Geschichten voll Wundern und Wehe ... sie sind es wert ... jede Einzelne von ihnen ...

Und jeder Moment eine Reise ... vor in der Zeit ... so denken wir ... zurück in der Zeit ... so ist es häufig ... an Orte, an denen wir waren ...

Erinnerungen ... ein Fehler hier und dort ... ein Lächeln im Nebel ... doch irgendwie immer in Bewegung ... der Fluss fließt ins Meer ... in die Unendlichkeit ... und so träumen wir uns zum Mond ... in der Nacht ... zu fernen Orten ... zu Plätzen der Sehnsucht ... in die jeder von uns versinken könnte ... farbenfrohe Spiele der Gedanken ... oder doch nur schwarz und weiß?

So vieles ungewiss ... doch erklingt am Ende der Straße eine Melodie ... auf unterschiedlichen Instrumenten gespielt, die sich wandeln ... und hört man nur auf sie ... stellt die Welt einmal auf stumm ... dann erkennt man die wahre Schönheit ... ob im hier und jetzt ... oder in der Vergangenheit ... und in deiner Zukunft, wie auch immer du sie gestaltest ... man muss nur zuhören ... für einen kleinen Augenblick ... kannst du es hören?

Kannst du es fühlen?
Es spielt immer nur für dich ...

♥

So tanzen wir auf dem Vulkan ...
Tag um Tag ...
Stunde um Stunde ...
in heiße Asche gehüllt ...
und unter dem fahlen Mondlicht ...
verloren in Träumen ...
zu einer Melodie, die nur wir hören können ...
die nur für uns spielt ...
umwoben im ewigen Kreislauf ...
das ewige Leben ...
voller Schönheit, Glück und wunderbaren Trugbildern ...
und der ewige Tod ...
voll Trauer, Schmerz und Realität ...
zwei Seiten der Medaille ...
doch eins ...
ewig verbunden ...
denn niemals kann das eine ohne das andere existieren ...
und tanzen werden wir bis ans Ende aller Zeiten ...
in Vollkommenheit ...

♥

Schau dich um ... sieh auf dein Leben ... auf deine Fehler ... auf deine Unzulänglichkeiten ... auf das, was dich glücklich macht ... es ist nur dein Sein ... niemand anders muss es verstehen ... gib dir Ruhe ... der Sturm wird vorbei gehen und es wird weiter gehen ... so wie es schon immer war ... einen Schritt nach dem anderen ... das Universum dreht sich immer weiter ... der Fluss trägt dich dorthin, wo du sein sollst ... und all die Sorgen des Alltags, so groß sie auch scheinen ... in einem Jahr sind sie nicht mehr von Bedeutung ...

Schau auf all die verlorenen Freunde ... auf all die vergangenen Liebschaften ... die Tränen die vergossen worden und die Lächeln, die dich verzaubert haben ... so ist dein Weg und er ist richtig für dich ... sonst wäre es nicht deiner ... das Leben geht weiter ... in seinem Wahnsinn und in seinen Wundern ... und es liegt an dir, es anzunehmen ... und sei es nur die süße Melancholie, die den Künstler erschafft ... so steht es geschrieben und dann muss es die Wahrheit sein ...

♥

Und dann schaust du zum Himmel ...

und siehst die Vögel ...
wie sie frei sind ...
sich dem Wind ergeben ...
niemandem folgen ...

an jeden Ort gelangen können und sich in ihrer
unvollkommenen Schönheit ausreichen ...
und du träumst ...

und wünscht dir, nur einmal im Leben so frei zu sein ...

Es wurde gebrochen ...
es ist voller Narben ...
es ist häufig wirr und scheint ein wenig verloren ...
aber es schlägt ...
tapfer wie es ist ...
immer weiter ...
egal, was die Welt der Menschen ihm angetan hat ...
wie oft es getreten wurde ...
es ist tapfer ...
es ist voller Sehnsucht ...
klein ...
verletzlich ...
aber am Ende des Tages ist es nur deins ...

♥

Gedanken zur Nacht ... laut ... leise ... flüsternd ... sich im Kreis drehend ... auf dem Rand der Welt sitzend und das Treiben der Menschen betrachtend ... was ein geschäftiges kleines Universum ... alle laufen hin und her ... von außen betrachtet ohne Ziel ... häufig ohne Sinn ... machen Bilder von ihrem Essen ... putzen sich heraus ... Darstellung des gewollten Bildes für andere Selbstdarsteller ... jeder will etwas Besonderes sein ... doch wenn alle besonders sind, ist es niemand, wie es so schön gesagt wurde ... doch wer sind wir wirklich?

Ohne Schein ... ohne schöne Dinge ... klein und verletzlich ... Statussymbole als Schutz ... und doch am Ende des Tages ist jeder allein ... mit den Gedanken zur Nacht ... und sollten sich doch genug sein ... denn nur das haben wir ... uns selbst ... und niemand hat je die Gedanken eines anderen gehört ... vielleicht bist du der Einzige, der denkt?

Oder jeder denkt auf eine andere Weise? Wer weiß ... eine interessante Vorstellung ... viel spannender als das Sushi zum Abendessen ... doch die gestresste Geschäftigkeit lässt die Reflexion nicht zu ... schade eigentlich ... aber so ist es nun mal ... und es bleiben so viele Fragen ... verloren in den Gedanken zur Nacht ...

♥

Die Sterne lösen deine Probleme nicht …
sie sind nur da …
leuchten in der Ferne …
jede Nacht aufs Neue …
weit und doch nah …
ein Teil deines Lebens …
als Konstante …

so nimm dir die Zeit und betrachte sie und plötzlich
wird alles klein …
all der Stress …
all die Sorgen …
verschwinden unter ihnen …
das Universum hat einen Plan …
glaube daran und am Ende steht die Ruhe …
und das Leuchten in der Ferne …

♥

Wir tragen alle zu viele Masken ...
um uns zu schützen ...
oder in dem Gedanken andere zu schützen ...
die ganze Welt ist nur noch Instagram-schön ...
nichts ist mehr wahr ...
doch wahre Liebe kann nur entstehen, wenn man alles fallen lässt ...
sich gegenseitig in die Augen und in die Seele schauen kann ...
mit all den Fehlern, all den Dämonen, all den Feinheiten und all der Schönheit ...
und auch wenn die Gefahr besteht, verletzt zu werden ...
es sollte immer einen Versuch wert sein ...

♥

Der Regen hat die Straßen sauber gewaschen ...

ein kühler Windhauch lässt die Hitze der vergangenen Tage vergessen ...

langsam legt sich die Schläfrigkeit auf die Seele ...

ein Augenblick, um zur Ruhe zu kommen ...

und sich selbst genug zu sein, wenn die Sterne die Welt der Menschen mit Neugier beobachten ...

und leise flüstern ...

alles wird gut ...

♥

Zeit ... Zeit läuft ... rennt ... kriecht ... bewegt sich manchmal im Kreis um uns herum ... oder ist starr und wir bewegen uns durch sie ... doch sie ist unaufhaltsam ... jeden Tag eine halbe Meile näher zum Himmel, hat die alte Dame gesagt.

Zeit ist unser höchstes Gut, doch nutzen wir sie so häufig nur ab ... ich mache das morgen ... oder nächsten Monat ... ach ... es gibt ja auch noch ein nächstes Jahr ... so viele verschwendete Momente ... kein Auge für das kleine Glück ... immer weiter ... bis wir eines Tages am Ende des bereits gesponnenen Fadens sind ... warum können wir so wenig Augenblicke genießen und keinen festhalten?

Begegnungen wie ein Augenschlag ... ist es die Natur des Menschen?

So lehn dich zurück ... vielleicht nur manchmal ... und halte es fest ... den Sommerabend ... das Lied deiner Jugend ... die regnerische Nacht und gib dem Moment die Bedeutung, die er verdient hat ... das weiße Kaninchen ist auch nur in den Abgrund gestürzt ... auf, dass es uns so nicht ergehe ...

Kein Bild zur Nacht ... manchmal gibt es kein Bild, das ausdrückt, was man fühlt ...
nur die Worte auf dem Papier ... nackt ... mächtig ... verletzlich ... kein Bild ... kein schöner Schein ... nur Buchstabe an Buchstabe ... Gefühle beschreibend ... doch fühlt jeder allein ...
Satz für Satz ... aus der Seele geschrieben ... welche schreit ... welche sucht ...
so bringe ich diese Worte hierher ... auf dass sie gelesen werden, auf dass sie aus meinem Kopf verschwinden ... nieder geschrieben ... für dich ... oder doch nur für mich allein ...
der einsame Clown am Rand des Universums ... spielt Pingpong mit den Sternen ... hier und für alle Zeiten ... ohne Bedeutung ... ohne Sinn ...
wie sagt man so schön ... ich bin niemand ... das kann man sich gut merken ...
und irgendwie macht dann doch alles Sinn ...

♥

Jeder ist auf der Suche nach dem Glück ...
eine ewige Reise ins nirgendwo ...
immer höher ...
immer weiter ...
doch am Ende des Regenbogens wartet kein
Topf voll Gold ...
so nimm dir Zeit ...
sieh das Kleine ...
die Schönheit in allem ...
ein Sommerregen ...
eine farbenfrohe Blume ...
und sei dir gesagt ...
am Ende des Tages kommt das Glück nur aus
dir selbst ...
und niemand sonst kann es dir geben ...

♥

Manche Stürme scheinen endlos zu sein ... hin und her geworfen von den Gezeiten des Schicksals ... verloren ... trudelnd ... doch bringen nur Stürme klare Luft ... reinigen die Schwere des Tages ... in der man kaum atmen kann ... und bringen die Schönheit in ihrer Gewaltigkeit hervor, die man im Dunst des Lebens nicht sehen kann.

Darum erfreue dich des Sturms ... nimm ihn an ... er klärt deinen Verstand ... er klärt deine Seele ... und wenn er vorbei geht ... dann ist Ruhe ... dann ist Vollkommenheit in der klaren Luft ... so war es immer ... kein Sturm ist endlos ...

Jeder ist kaputt ... alle sind verwirrt ... und niemand ist wirklich ohne Makel ...
am Ende des Tages laufen wir voller Angst durch das Leben ... schauen links ... schauen rechts ... und alles scheint perfekt zu sein ...
nur unser Leben ist Chaos ... so sieht es aus ... und es ist einfach das zu glauben ... doch schau hinter die Maske ... dort zeigt sich ein anderes Bild ... ein Bild von Trauer ... ein Bild von Verzweiflung ... denn jeder den du triffst, kämpft seinen eigenen Krieg ...
so lasst uns einen Schritt zurücktreten ... ins Universum hinein ... und von dort ... irgendwo zwischen den Sternen ... erscheint unsere Welt so klein ...
und jeder Funken Licht den man in diese trägt ... jedes nette Wort ... jedes Lächeln ... verändert vielleicht ein Leben ...
Gedanken zur Nacht ... passt auf euch auf ... für mehr Liebe in diesen wahnsinnigen Zeiten ...

♥

Eines Tages werden dich die bösen Träume verlassen ...
und du wirst Ruhe finden ... mit dir selbst ... lernen dir zuzuhören ... deinen Platz finden ...
der Weg, den du gehst, wird dich dorthin führen ... jede Träne und jedes Lachen wird Bedeutung bekommen ... so schwer es manchmal ist ... doch dies ist deine Geschichte ... niemand anders kann sie erzählen und niemand anders sie erleben ...
also nimm dir kurz einen Moment zum Atmen ... in der Sommernacht ... nur ein, zwei Minuten ...
geh einen Schritt zurück ... nur hier und jetzt ...
denn manchmal zählt nur dieses ...

♥

Und die Welt ist auf der Suche nach Träumern ...
in all dem Chaos ... und zwischen all dem Dreck.
Einen kurzen Moment Ruhe ...
ein Licht in der Dunkelheit ...
und die Welt braucht die Träumer ...
denn sie verändern das Universum ...
durch ein kleines Lied ... ein kleines Bild ...
ein kleines Wort ...
mag es noch so unbedeutend scheinen ... doch bauen
viele Steine ein Haus ...
eine Welt ... besser als diese ...
voll Liebe und voll Zauber ...
doch mag dies auch nur ein Traum sein ...
doch immerhin ein schöner ...

♥

So träumen wir heute Nacht von fernen Orten ...
von magischen Dingen ...
von Musik, die den Raum erfüllt und doch Ruhe gibt.

Auf unserer Reise ...
wohin euch der Weg des Schicksals auch immer
bringen wird ...
drum nehmt gute Gedanken mit in die Dunkelheit ...
die niemals ängstigen sollte ...
so sieht man nur durch sie das Licht ...
und vergesst nie, dass in der schwärzesten Stunde die
Sterne am schönsten leuchten ...

♥

Manchmal braucht es nur die Stille der Nacht ... ein paar Zigaretten ... und die Seele findet Ruhe ... von der staubigen Welt ... manchmal muss man einfach atmen ... ein Stück zurückgehen ... und die Sterne betrachten.

So klein sind wir ... und all die Wut und all der Hass ist so bedeutungslos und erschöpfend ... das kleinste Rad im Universum sind wir und doch nimmt sich jeder so wichtig ...
wenn es nur möglich wäre, all das Negative neu zu kanalisieren ...
es braucht mehr Liebe in der Welt ... in diesen Zeiten ... und so sitze ich ... über der Stadt und kann nur verwundert schauen ... ein paar Zigaretten rauchen und wenigstens für mich versuchen, anders zu sein ... so liegt es an jedem selbst ...
am Ende ist Hass nie der richtige Weg ... aber was weiß ich schon ... passt auf euch auf da draußen ...

♥

So wie jede Nacht einzigartig ist und nur wenige ihre Schönheit sehen,
so ist die Dunkelheit in uns das, was uns ausmacht ...
niemals perfekt ...
niemals ohne Makel ...
doch so wie wir sind, sind wir richtig ...
vergesst das nie ...
denn in der tiefsten dunkelsten Nacht leuchten die Sterne am schönsten ...

So behalte im Hinterkopf ...
du bist nicht allein ...
einsam von Zeit zu Zeit ...
selbst unter Menschen ...
doch nicht allein.

Wir sind alle hier draußen ...
im Universum ...
ob nah ...
ob fern ...
doch sehen wir alle denselben Mond ...
und schicken gute Gedanken in die Nacht ...
bleib stark ...
morgen geht die Sonne wieder auf und wir
haben einen neuen Versuch ...

♥

Jeder hat Angst ... doch niemand gibt es zu ... doch das
Leben ist einfach scheiße beängstigend ... bin ich genug?

Ist der Weg, den ich gehe richtig?
Wer will ich sein?
Wo will ich hin?

Die Gesellschaft sagt und zeigt dir nur, dass du stark sein
musst ... dass du schön sein musst ... 'nen Scheiss musst
du sein ... es ist o. k. zu weinen ... es ist o. k. zu fallen ...
es ist o. k. schwach zu sein ... es ist o. k. Angst zu haben ...
tu dir nur den Gefallen und bleib nicht liegen ...

Leben ist Krieg ... mit Siegen und vielen Niederlagen ...
doch gib nicht auf ... du bist den Kampf wert ... jeden
Tag aufs Neue ... auch wenn es schwer ist ... auch wenn
es dunkel ist ... jeden Tag aufs Neue ... und sei Dir gewiss
Du bist nicht allein ... passt auf euch auf da draußen ...

Kopf hoch und kommt gut durch die Nacht ...

♥

Die Sterne leuchten für uns alle gleich ...
doch jeder ist allein mit seinen Gedanken ...
ob fern ob nah ...
manche suchen Erlösung auf dem Grund der Flasche ...
manche suchen sie in traurigen Liedern ...
und irgendwo bringt ein Schreiberling trübe Worte auf das Papier ...
so sind wir hier ...
in diesem Augenblick ...
und die Melancholie trägt uns durch die Nacht ...
doch niemals lassen wir die Hoffnung fahren ...
wie das Schiff in stürmischer See ...
bleibt stark da draußen und gebt nicht auf ...
soll all der Kampf umsonst gewesen sein ...
uns bleibt die Liebe und die wird nicht umsonst gewesen sein ...
in diesem Sinne ... good night and may be joy with all of you ...

♥

Alles wonach wir uns sehnen, ist Ruhe ...
sich fallen lassen ...
ohne Maske ...
verletzt und voller Narben ...
aufgefangen ...
mit all unseren Fehlern und Unzulänglichkeiten ...
ein warmer Körper ...
eine liebende Seele ...
ein paar Worte ...
in der kalten Welt ...
auf der Suche nach Heilung ...
jemand, der die Dämonen und Geister vertreibt ...
den man in seine Seele blicken lässt und der trotzdem bleibt ...
mag alles um einen herum zerfallen und der Kampf alle Kraft rauben ...
diese eine Seele ...
das eine Herz ...
das Gesicht, das als Erstes nach dem traumlosen Schlaf in den Gedanken erscheint und das als Letztes dich in den Schlaf wiegt ...
drum ihr da draußen die es gefunden habt ...
haltet es fest ...
und lasst die Welt nicht zwischen euch sein ...
und wer noch sucht ...
ihr seid nicht allein ...
alles wird gut ...
so muss es doch sein ...

♥

Und der Wind bringt Stimmen der Erinnerung ...
ein Lied von Schuld und Sühne.
Leise ... doch die Welt ist stumm.

Und die Menschen liegen in ihren Betten und starren
ins Nichts.
Jeder Versuch zu fliehen zum Scheitern verurteilt ...
was für ein Wesen willst du sein?
Wenn niemand hinsieht ... und nur der Wind leise
deine Melodie spielt.

Suchst du den Weg der Betäubung?
Auf dem Grund einer Flasche?
Doch sind die Seeleute auf dem Grund deiner Seele
immer noch tot ... auch wenn sie schlafend scheinen.
So friedlich ... und doch ohne Bedeutung.

Doch morgen ist ein neuer Tag und wir werden es
wieder versuchen ... uns wieder die Fragen stellen ...
so war es ... so ist es und so wird es immer sein ...
drum finde Ruhe ... für den Augenblick und lass das
Lied des Windes ... heute Nacht ... nur ein
beruhigendes Rauschen bleiben ...

♥

Und so sitzt der Schreiberling dort Nacht für Nacht und bringt Worte auf Papier ... nicht für die Welt ... nicht um jemanden zu beeindrucken ... nein ... die Worte brennen in seiner Seele ... die Gedanken schreien in seinem Kopf ... Sätze fliegen und gönnen keine Ruhe ... und alles zerrt an ihm.

Drum soll das Papier die Schmerzen haben ... die Gefühle ... die Liebe ... all dies ... für die Ewigkeit oder einen Augenblick.

Und ob jemand sie liest ist nicht von Belang ... dann bleiben sie Teil des Universums ... ein flüchtiger Moment der Ruhe ... dort ... schwarz auf weiß ... auf dem Papier ... für jetzt und alle Zeit ... und irgendwann wird jemand es lesen und sich verstanden fühlen ... so schließt sich der Kreis ...

🖤

Und die Nacht riecht wie Sommer ... so wie es immer war ... in Zeiten die ewig weit weg scheinen ... und doch bringt der Geruch dir Erinnerung.

Es war nicht einfacher damals ... auch wenn es dir heute so scheint.
Es spielte eine andere Melodie ... doch ähneln sie sich sehr.

Weit entfernt ein einsamer Frosch und du fragst dich, wo die Jahre hin sind ... bittersüß.
Denn bald wird das heute auch nur noch ein blasser Schein sein.

Drum hoffen wir, dass noch viele Sommer folgen und bereuen die Momente, die wir nicht gewürdigt haben.

So nehmt euch den Augenblick und atmet ein ... auf dass dieser Geruch niemals in Vergessenheit gerät ... in der Nacht ... in diesem Sommer ...

♥

Manchmal muss man auf sich selbst hören ... in sich hinein ... die Welt aussperren und einfach fühlen ... wer bist du?

Wer willst du sein? Was macht dich glücklich?

Im Strudel der Fragen die Ruhe sehen ... und einfach man selbst sein ... das kann niemand für dich übernehmen ... und ich bin sicher, dass du es finden wirst ...

♥

Manche Dinge erzählt man nur dem Mond ... in
der stillen Nacht.
Er hört deine Träume ... er sieht deinen Krieg.
Doch niemals würde er werten ...
kein Anspruch wird gestellt.
Er ist nur da ... ein stiller Beobachter.

In Zeiten wo niemand dich hört ...
in Zeiten des Chaos.
In der die ganze Welt verrückt spielt.

So ist er da ... im blassen Schein und dort
kannst du sein, wer du wirklich bist ...
und am Ende des Tages treffen wir uns dort ...
auf dem Mond ... so fern und uns doch so nah ...
denn alle Menschen sehen denselben ...

♥

Jeder ist auf seine Art verrückt ...
jeder ein wenig gebrochen ...
wir haben alle unsere Schlachten geschlagen und
jeder der hier ist auch alle gewonnen, auch wenn
wir Narben davon getragen haben ...
so nehmt guten Gedanken mit in die Nacht und
versucht, ein reines Herz zu bewahren ...
auch, wenn es schwerfällt ...
und denkt immer daran ...
alles wird gut ...
when the fat lady sings ...

♥

Und siehst du die Schönheit in all den Dingen?
In der Dunkelheit?
Die uns so wohlbekannt?
Die uns auffängt ... die uns trägt?
In ihrem Schatten wandern wir ... doch sind wir hier zu Hause.

Kinder der Nacht ... wenn alles ruht ... und nur ein einsames Licht seinen Schein auf die Welt wirft. Und die Gedanken Einzelner mehr wert sind als die Gesamtheit der Menschen.

So atmen wir die reine Luft und lassen los ... fallen in die Zwischenwelt von Wahrheit und Irrsinn. Auf das hier die schönsten Geschichten und Erinnerungen geschrieben werden ...

♥

Und in der Nacht ... in der Stille ... wenn der Lärm der Welt für einen Moment verstummt ... dann bist du allein mit deinen Gedanken ... mit all deinen Sünden ... mit all den Erinnerungen ... wie oft lagst du auf des Teufels Tanzboden?

Und dann erkennst du, dass das Schwerste überhaupt ist ... mit dir selbst zu leben ... und doch ist es der einzige Krieg, den du nie verlieren darfst ... also tanz ... also singe ... das ist dein Leben und es endet mit jeder Sekunde ... die Stunden der Trauer sind verloren ... auch wenn sie wichtig waren ... doch am Ende wollen wir uns nur der schönen Dinge erinnern.

Also geh raus und sei glücklich ... es ist einen Versuch wert ... was immer auch die anderen sagen ...

Manchmal ...
nur manchmal ...
ergibt alles einen Sinn ...
für einen Moment ...
dann sitzt du am Ende des Regenbogens und
hörst dieses eine Lied ...
spürst jede Note ...
verstehst jedes Wort und die Musik malt dein
Leben und es formt sich ein stimmiges Bild ...
das ist Magie ...
und kaum etwas hat dich je tiefer berührt ...

Und die ganze Welt rennt irgendetwas hinterher ... du musst so sein ... du darfst das nicht tun ... was machst du nur aus deinem Leben?

Es zählt nur das Auto ... der Job ... und wie glücklich man sich in den sozialen Medien präsentiert ... doch kaum jemand setzt sich hin und hört dir zu ... wer willst du wirklich sein?

Wer bist du hinter der Maske?
Was sind deine Schwächen?

Und wo ist der Platz, an dem ich verletzlich sein kann ... und ich sitze hier ... schau auf die Welt ... voller Verwunderung und Abscheu und alles, was ich sagen kann ist ... fuck all those perfect people ...

♥

Siehst du die Sterne hinter den Wolken, Kind der Nacht?
Sie singen Lieder von vergessenen Zeiten.
Sie malen die schönsten Bilder.
Leuchten trotz ihrer Einsamkeit.
Jeder für sich.
Und ergeben doch nur Sinn als Ganzes.
So unendlich fern ... doch ein Teil von uns.
Die wir nicht mehr sind als Sternenstaub im Fluss des Universums.
Nicht wichtig und doch jeder von Bedeutung ... der Anfang und das Ende.
Die schönste Melodie ...

♥

Manche Gedanken sind einfach zu schwer auszusprechen ... darum blute ich Worte auf Papier ... und sei es nur damit meine Seele sie liest ... manche Gefühle sind einfach zu stark, als dass man sie erklären könnte ... doch niedergeschrieben scheinen sie klar und deutlich ... darum hilft die Nacht ... die Stunden der Künstler ... denn sie bringen Ruhe ins Einmachglas des Strudels der Abgründe des Lebens ...

Egal wie weit du läufst ... du kannst dir selber nicht entkommen ...
egal wohin der Weg dich trägt ... deiner Seele kannst du nicht entfliehen ...
sie sagen keine Ruhe den Gottlosen ... und die Hölle ist die Abwesenheit Gottes ...
es kommt die Nacht ... da musst du stehen bleiben ...
dich umsehen ... erkennen ... schau in den Spiegel ... schau in den Abgrund ...
und du wirst sehen, was wirklich zählt ...

Leben ist Krieg ... und du bist geboren zu kämpfen ...
und eines Tages wird die Flucht vorbei sein ...
und alles wird gut ...

♥

Ich verstehe die Welt nicht ... Menschen sind mir fremd ... sitze am Abgrund und schaue verwundert in die Tiefe ... sehe Hass ... sehe Wut ... sehe Gier ... sehe Trauer ... und kann nicht verstehen warum ... wo sind wir falsch abgebogen?

Jeder Einzelne will nur glücklich sein ... doch gönnt dem anderen sein Glück nicht ... in was für Zeiten wir doch leben ... doch waren sie immer schlimm ... der Mensch ist des Menschen Wolf ... homo homini lupus ... und dann will ich kein Mensch mehr sein ...

Gedanken zur Nacht von niemandem ... denn das ist leichter zu ertragen ... bleibe ich nur Sternenstaub ... sitzend am Abgrund ... und diese Welt werde ich nie verstehen ...

♥

Geh einen Schritt zurück ...
atme ein ... atme aus ...
die Nacht bringt Ruhe ...
gibt deiner Seele Erholung ...
nur in der Ferne erklingt irgendwo ein einsamer Fernseher ...
die Stunden der Künstler ...
so bringe ich Worte auf das Papier ...
der Stift mein stiller Begleiter ...
auf der Reise ... ohne Ziel heute Nacht ...
und immer der Blick zu den Sternen ...
und nur meine kleine Realität existiert ...
bevor morgen der Sturm der Welt wieder aufflammt ...
und alle Ruhe in den Abgrund zieht ...
so genieße den Moment ...
das jetzt ... die Dunkelheit ...
die sich über alles legt wie ein schützender Mantel ...
und für einen kurzen Augenblick verstummen sogar
die Gedanken ...

🖤

Manchmal muss man die Melodie seines Lebens
ein wenig ändern ...
neue Töne zulassen ...
nicht in der alten Gedankenschleife stecken
bleiben und vielleicht ein neues Instrument seiner
Seele hinzufügen ...
das ist unsere eigene Reise zu den Sternen ...
und jeder kann diese nur auf der Welle seines
eigenen Liedes bestreiten ...
doch von Zeit zu Zeit kann man es teilen und
vielleicht den Blick darauf erneuern ...
also bleib stark Sternenkind und genieß den Weg
durch die Nacht ...

♥

Und mag die Dunkelheit noch so erdrückend sein ...
der Blick getrübt ...
die Dämonen noch so schmerzhafte Gedanken einflüstern ...
und der Weg unklar sein ...
so mag ich noch so tief in meine Seele fallen ...
sehe ich dich ...
und all dies verblasst ...
und schreibe ich das schönste Gedicht von allen ...
ein Wort ...
du ...
auf das du dies liest und niemals vergessen magst ...

♥

An manchen Tagen fällst du einfach in den verfickten Kaninchenbau ...
gehst verloren in den Tiefen deiner Gedanken ...
nichts scheint wahr ...
du bist der verdammte Glitch in der Matrix ...
der Löffel der nicht existiert ...
pendelst zwischen allem und nichts ...
und du schaust in den Spiegel und fragst dich, wo die Jahre hin sind ...
gestern schien alles einfach und klar ...
was heute nur noch der Abgrund ist ...
und doch gibst du nicht auf ...
eine verlorene Schlacht ist kein verlorener Krieg ...
auch wenn die Wunden schmerzen ...
die Narben bleiben ...
es ist wie es ist ...
und so steht es geschrieben ...

♥

Beyond all the scars we put on each other ...
beyond all the suffering and pain ...
we bleed the same blood and we share the same soul ...
and at the end of the day we only shine together ...
and everything the world has thrown against us ...
will be forgotten in the end ...
as only your voice can silence my demons ...
and gets me out of the nightmare ...
and all the wounds will heal ...

♥

Manchmal erscheint die Welt verschwommen zu sein ... der Weg verborgen ... und du fühlst dich wie ein anderer Mensch ... hast dich selbst verloren ... und nichts ist mehr wahr ... trudelst durch das Leben ... Menschen sind dir fremd ... doch eigentlich bist du der Fremde ... und du fragst dich wohin ... doch kein versöhnlicher Abschluss an dieser Stelle ... so ist das Leben ... und niemals war es anders ... vielleicht ein kleines Licht ... du bist nicht allein ... jeder hat seinen Kampf ... wenn du genau hinsiehst, kannst du ihn in den Augen sehn ... in jeder Begegnung ... so dann ... bleib stark ... aufgeben ist keine Option ... ich kann nicht versprechen, dass bessere Tage kommen ... aber verdammt ... wir können es versuchen ...

♥

Und der Himmel malt seinen Zauber für die Nacht, die so voller Wunder und Unwägbarkeiten ist.

Jeder Moment anders als der vorhergehende.

Und jeder nur ein Wimpernschlag.

Alles im Wandel im Fluss des Lebens.

Wer ich heute bin, werde ich morgen nicht mehr sein.

So dreht sich das Rad ... so laufen wir auf dem Faden, gesponnen vor langer Zeit ... dort wo wir sein sollen.

In diesem Augenblick ... in dieser Nacht ... mit all ihren Wundern.

So halte inne ... für einen Augenblick und schau hinter den Vorhang.

Hinter all das Leid und den Schmerz der Welt.

Auf dass diese Nacht gut zu dir sei ... und der ganze Lärm des Tages für eine kurze Zeit verstumme ...

Leere Bierdosen …
kalte Asche …
ein Stück Papier und ein Stift …
Wörter ausgekotzt von den Dämonen des Verstandes …
wie fiebrige Träume in Fesseln gelegt in den Zeilen …
um Ruhe zu finden …
die Seele ausgeblutet in Gedanken …
und es bleibt nur Müdigkeit …
und die Hoffnung Schlaf zu finden …
in der Stille der Nacht …
die uns so viel gibt …
aus der wir entstanden sind …
in die wir gehören …
heute und in allen Zeiten …

♥

So bring mich ans Meer ...
wo alle Sorgen verschwinden ...
für einen Augenblick alles ohne Bedeutung ist
und nur das sanfte Rauschen den Tag und die
Nacht begleitet ...
Wo wahre Freiheit wartet ...
sei es nur für einen Moment ...
denn die See ist Leben und Tod zugleich ...
und doch gibt sie der Seele Ruhe ...

♥

Es ist o.k. ...
es ist o. k., wenn alles, was du heute getan hast,
war zu überleben ...
es ist o. k., wenn du manchmal das Gefühl hast,
du kannst nicht mehr, du aber trotzdem weiter
machst ...
es ist o. k., wenn du dich unverstanden fühlst ...
es ist o. k., wenn die Welt dir Angst macht ...
es ist o. k., traurig zu sein ...
du bist o. k. ...
und niemals lass dir etwas anderes einreden ...
darum nochmal du bist o. k. ...

Und jeder kleine Tropfen bringt Veränderung ... bringt Bewegung ... fügt etwas hinzu ... nimmt etwas weg ... jeder kleine Moment prägt unsere Seele ... fügt das Puzzle zusammen oder lässt es zerfallen ... ein ewiger Fluss und nichts bleibt gleich ... niemand ist heute derselbe wie gestern ... und niemand weiß, was morgen ist ...

Anfang und Ende ... alles mit einem Tropfen ... der leise auf die Wasseroberfläche trifft ... doch kann er Welten zerstören ... oder uns neu erschaffen ... ein schöner Gedanke ... nehmt ihn mit in die Nacht ... und passt auf euch auf ...

Manchmal sind alle Worte gesprochen ...
und es bleibt nur die Kraft zu atmen ...
dann versinkt jeder Gedanke in Stille ...
die dich warm umarmt ...
und die Geräusche verblassen ...
dann nimm sie an ...
sie kann sehr heilsam sein ...

Und jedes Wort ... jede Zeile wurde nur für dich geschrieben ... für diesen Augenblick ... trägt jedes Gefühl ... als würde deine Seele sprechen.

Und doch verlierst du dich in der Musik ... kannst fallen ... du selbst sein ... und für einen Moment die Zeit anhalten ...

♥

Und wenn die Musik spielt ...
dann wird alles andere leise ...
die Gedanken verstummen ...
die Suche verblasst für einen Moment ...
dann zählen nur die Töne, die dein Herz
berühren ...
Klang für Klang ...
und alle Emotionen der Welt gehören nur dir ...
für diesen einen Augenblick ...
wenn du tanzt ...

♥

Not everyone will like you ...
most of them will not understand you ...
as you are special ...
as you are a misfit ...
a rebelsoul ...
so even a lot of them cannot see behind those eyes ...
but from time to time you will touch someones soul ...
and bring them a moment of joy ...
just a small light in the darkness ...
but for those who understand it means the world ...
and you will always have a place in their hearts ...
maybe small ...
but always worth a memory ...

♥

Ich bin der weiße heterosexuelle Mann ... ich werde nicht diskriminiert wegen meiner Hautfarbe ... ich werde nicht sexuell belästigt ... ich werde nicht angegriffen wegen meiner sexuellen Orientierung ... ich falle in kein racial profiling ... ich werde nicht gesondert an irgendeinem Flughafen kontrolliert ... ich werde nicht beschimpft ... ich werde nicht attackiert ... ich komme in jeden Club rein, egal was für abgerissene Klamotten ich anhabe ... auf der ganzen Welt behandelt man mich mit Respekt, manchmal mehr als das ... und das habe ich womit verdient?

Nichts davon ist meine Leistung ... nichts davon habe ich mir erarbeitet ... das ist reiner Zufall ... noch nie habe ich verstanden, warum man sich darauf etwas einbildet ... und dann schaut man sich die Welt an ... sieht die Toten in den USA, weil sie die „falsche" Hautfarbe haben ... sieht die unterdrückten Frauen überall auf der Welt ... sieht misshandelte Homosexuelle ... und dass macht mich alles sprachlos ... ich beuge mein Knie in Demut und Scham ... ob all dem ... und das Einzige, was ich tun kann, ist ein besserer Mensch zu sein ... meine Stimme zu erheben ... und eben nicht wegzuschauen ... wenn ich das erreichen kann, dann habe ich vielleicht etwas worauf ich stolz sein kann.

Für mehr Liebe ... und immer und überall gegen den Hass ...

♥

So sitze ich hier … im blassen Mondschein und kein Geräusch dringt an mein Ohr … doch schreien meine Gedanken laut und verstörend … immer wieder die Frage …
„Warum sind die Menschen so voller Hass?" …

und keine Antwort erscheint mir aus der Dunkelheit … kein kleines Licht leuchtet mir am Ende des Tunnels … immer wieder dieselbe Frage … und doch will jeder nur für sich glücklich sein …

„Woher dann all die Wut?" …

Ich wünschte, die Welt wäre so friedlich wie diese Nacht … nicht nur für mich … nein für jede Seele da draußen … doch nein … so soll … so kann es wohl nicht sein … passt auf euch auf … und nehmt einen guten Gedanken mit in die Träume … sie sind so viel wertvoller und zerbrechlicher als all der Zorn …

🖤

Und des Dichters Seele blutet Worte auf Papier …
mag sie auch niemand je lesen …
doch bieten sie Trost …
sei es für einen Moment …
im Strudel des Lebens …
als Anker auf Papier …
mag sie auch niemand je lesen …
tragen sie die Gedanken fort …
raus aus der Dunkelheit …
und nichts ist mehr, wie es war …
für einen Moment …
für die Ewigkeit …
und mag sie auch niemand je lesen …

♥

Und wenn die Wellen brechen ...
ist nichts mehr, wie es war. Und doch seltsam vertraut.

Dasselbe Meer und doch völlig anders ...
Sand abgetragen ... Sand aufgebaut ...
drum lass deine Träume dich dorthin tragen ...
dorthin wo es dein Herz hinzieht ...
denn nur dort verbinden sich Himmel und Erde
zu dem Bild, was du suchst ...
das Bild, das dir Ruhe schenkt ...
die so dringend gebraucht ...
und nur das Meer erklingt ...

♥

Und ist die Welt auch so verrückt ... und Tage
fließen wie Stunden ... so bleibt uns immer noch
der Regen in der Nacht.

Der sanft die Stille durchbricht ... uns fortträgt ...
auf leisen Schwingen ... für einen Moment alles still
stehen lässt und die Sünden des Tages wegwäscht.

Die Luft reinigt und ganz kurz nichts anderes
Bedeutung hat ... Nichts höre ich lieber ... nichts
gibt mir mehr Ruhe.

Und so endet der Tag ... wie er sollte ... mit einem
guten Gedanken.

Kommt gut durch die Nacht ...

♥

An manchen Tagen ...
wenn der Schmerz unerträglich scheint ...
wenn alles dunkel ist ...
du dich nur noch verloren fühlst ...
nichts mehr Sinn ergibt ...
selbst der Regen in der Nacht, den du so liebst, dich nicht mehr glücklich macht ...
schau in dich selbst ...
sei stark ...
es werden auch bessere Tage kommen ...
nicht immer ist das Licht am Ende des Tunnels ein Zug ...
also atme ...
ein und aus ...
und sei dir gewiss ...
am Ende wird alles gut ...
when the fat lady sings ...
kommt gut durch die Nacht da draußen ...

♥

Wenn nichts mehr wahr ist ... die Leere dich erfüllt ... du in deiner Traurigkeit dich verlierst ... kein Lied dich mehr erreicht ... die Sterne nicht mehr für dich funkeln, sondern nur für den Rest der Welt.

Wenn die Dunkelheit zu stark erscheint ... um dagegen zu kämpfen ... und nichts mehr Sinn ergibt.

Dann denk an die Büchse der Pandora ... in der nur die Hoffnung blieb, als Einziges.

Hoffnung auf eine bessere Zeit ... nimm diesen Gedanken mit in die Nacht und lass dich von ihm tragen ... denn am Ende des Tages ist es das, was bleibt ...

♥

Schlaflos ... wie so häufig.
Verloren in Gedanken.
Am Grund des Ozeans.

Da draußen ein Dschungel ... düster und gefährlich.
Aber doch immer reizvoll.

Grillen singen in der Nacht.
Und nur die Sterne begleiten mich auf der Reise.
Hörst du ihr Lied?
Ein melancholischer Klang in der Nacht.

Und nur manchmal kann ich mich auf ihm fallen lassen ... mein Begleiter durch die Dunkelheit ... des Seins und der Seele ... ich wünschte, du wüsstest ...

♥

Und die Nacht brachte Magie über das Land ... nur der Fluss rauschte sanft im Hintergrund.
Die Luft klar und rein.
Alleine ... nicht einsam.
Nur die Gedanken begleiten mich durch die Stille.
Nicht traurig ... nur melancholisch und bittersüß.
Atmen ... die Kälte annehmen und genießen.
So schaut der Mond auf mich herab.
Auf sein Kind ... das Kind der Nacht.
In wohliger Geborgenheit ... wenn die Welt schläft und Zeit für einen Moment keine Bedeutung hat.
Dann schlägt unsere Stunde ... und Worte fließen aus mir aufs Papier.
Mal sanft ... mal quälend.
Aber so soll es wohl sein ... in Einzigartigkeit ...

♥

Und alles ist nur schöner Schein ...
lachende Menschen für die Welt ...
jeder ist so erfolgreich ...
alles ist super und niemand ist glücklich ...
und verloren in diesen Zeiten sind wir hier ...
ehrlich und verletzlich ...
die Ausgestoßenen ... die die nicht ins System passen ...
aber was sie nicht bedenken ...
wir sind viele ...
und wir werden nicht untergehen ...

♥

Verloren ... verwirrt ... auf der Suche nach dem richtigen Weg ... und niemand ist da mir zu sagen welcher Weg Himmel oder welcher Weg Hölle ist ... im Nebel ist die Straße verloren.

Kein Land in Sicht ... keine rettende Insel im blauen kalten Meer der Gedanken.

Tausende Seeleute die aussehen als würden sie schlafen ... doch sind sie tote Empfindungen.

Wohin führt mich der Seelenverkäufer?

Oder bin ich verdammt auf ewig ihm zu dienen ... wie heißt es so schön ... fünfzehn Mann auf des toten Manns Kist ... und alles was bleibt ist die Flasche voll Rum ... und Träume vom Meer ...

♥

Nun, hier ist die Geschichte über ein Mädchen, das ich mal kannte ... sie verliebte sich unsterblich in einen Jungen.

Doch dieser Junge war nicht gut für sie.

Es gab Gerüchte im Dorf über das Mädchen, das so in tiefer Liebe zu dem Jungen war.

Doch dieser Junge war nicht gut zu ihr ... er liebte sie nur in der Dunkelheit ... er liebte sie nur in Verborgenheit ... und nur die Sterne hörten ihr Klagen ... so ging es immer fort ... tagein, tagaus ... und Monate vergingen ... bis dieses Mädchen sich befreite und losließ ... sich einfach fallenließ ... nie wieder hab ich von ihr gehört ... nur manchmal erscheint ein Stern heller als alle anderen und ich denke, dass sie jetzt vielleicht dort ihr Lied anstimmt ...

♥

Egal was sie sagen ... egal was dir das Leben entgegenwirft ... egal wie falsch du dich fühlst ... egal wie sehr die Dunkelheit an dir reißt ... egal, ob gerade alles keinen Sinn ergibt ... egal wie verrückt die Welt ist ... du bist mehr als genug.

Du bist das Beste, was du hast ... und das sollte dir niemand nehmen ... darum nochmal ... du bist mehr als genug. Und nicht allein ...

Ein Harlekin der Worte ... erschaffe ich Illusionen ... Gedankenspiele, die die Seele berühren ... und gebe mich auf, um anderen Freude zu bereiten.

Auf der Suche nach mir selbst, in den Bildern und Emotionen, die ich verursache ... ein Blick hinter die Maske ... nur ein kurzer ... tief auf dem Grund der Seele ... die auch nur ein Trugbild ist ... Nie hier ... und doch immer präsent.

So lasst uns zusammen singen ... für einen Augenblick ... der uns die Trostlosigkeit nimmt ...

♥

Und wenn die Nacht hereinbricht ... über das Land ... wenn alles still ist und das Treiben einen Moment innehält ... bist du allein ... seelisch nackt ... nur umgeben von deinen Gedanken, Wünschen, Dämonen und Träumen.

Nur wer dieses Gefühl kennt, sich in der Einsamkeit findet und die Stille in sich aufnehmen kann, wird verstehen, dass die Kinder der Nacht einzigartig sind.

Jedes in seiner eigenen Schönheit.

Und diese Schönheit macht uns aus.

Gedanken ... ein Glas Wein und ein paar Zigaretten ... so stimmen wir ein in unseren stummen Chor ... fuck all the perfect people ... kommt gut durch die Nacht ... ihr seid nicht allein ...

♥

Zeilen für gebrochene Herzen ... die Zeit wird heilen ...
dass sagen sie ... Wunden schließen ... hab ich gehört ...
nichts ist für die Ewigkeit ... wurde gesagt ... doch am
Ende des Tages.
In der Dunkelheit.
Sind da nur Zweifel ... an den Worten.
Und der Schmerz bleibt.
Als Schatten.
Bis das Herz vor Narben nicht mehr zu sehen ... nicht
mehr zu fühlen.
Und es bleiben nur traurige Lieder ... und nur diese
füllen die Leere ...

♥

Soviel Lärm in Zeiten wie diesen ... der Abgrund schreit. Nach uns ... nach meiner Seele.

Tanzend wie ein lächerlicher Clown vor dem Publikum, dessen Trauer nur von einer gesehen wird.

So begrüßen wir das Ende der Welt, ohne etwas zu lernen.

Denn wer sehen kann und derjenige der versteht wird als falscher Prophet gebrandmarkt.

In diesen Tagen vielleicht die letzte Chance auf Veränderung ... doch so viel Stille in Zeiten wie diesen ...

So bin ich noch hier ... schreibe Zeile um Zeile
in der Nacht.
Wandere durch den Sturm des Lebens.
Tauche in tiefe Wasser, damit niemand die tonlosen
Schreie vernimmt.
Verschwunden in der Dunkelheit und nur manchmal
kann ich das Licht noch betreten.
Mal braucht man die Bühne, doch im Spiegel ist
man allein.
Und die Gedanken verstummen nicht ... in ihrem
Chaos und der Unkontrollierbarkeit.
Auf der Suche nach Ruhe ... doch wage ich, mir keine
zu gönnen.
Drum bleiben die Worte ... vielleicht nur in einem
Augenblick.
Doch Augenblicke können die Ewigkeit sein ...

♥

Das Leben geht so seltsame Wege ... unkontrolliert.

So reite ich die Welle und versuche, nicht unterzugehen.

Selbst der schlimmste Sturm kann mich nicht brechen und formt mich nur in mehr Details.

Ohne Ecken und Kanten kann niemand existieren.

Doch vielleicht ist alles nur belangloses Gewäsch, und jeder kämpft für sich allein ... finde deinen Weg und schau nicht zurück.

♥

Und die Nacht empfängt mich mit wohliger Stille ... der Regen wäscht die Gedanken und Sorgen des Tages ab.

Weit entfernt eine Sirene erklingt, hinter den Dächern der Stadt, doch fügt sie sich ins Bild der Geräusche.

So sitze ich auf der Spitze der Welt und nichts nimmt mir die Ruhe des Moments.

Die Zeit der Künstler, der Poeten, der Fremden und der Ausgestoßenen.

Unsere Zeit, unser Moment.

Denn wir atmen die Stille und die Dunkelheit ... so war es immerdar.

Und so wird es immer sein.

♥

Ich war nie richtig … ein Fehler … ein Glitch im funktionierenden System … das Rad in der Maschine, das gehakt hat.
Bin geflogen und gekrochen.
Das Denken vieler Menschen ist mir unklar.
Reisend auf den verworrenen Wegen des Verstandes.
So oft die Frage was mit mir nicht stimmt …
und bis heute keine Antwort.
Unklar, ob ich diese jemals finden will.
Das Leben ist seltsam … und so singe ich meine Melodie … die nur ich hören kann.
Stehe abseits der Welt … und werde nie ein Teil ihrer sein …

♥

In jeder schlaflosen Nacht ... Gedanken nur an dich ... seit dem Moment als ich mich in deinen Augen verlor ... niemals gefunden werden wollte, denn dort war ich Zuhause.

In deiner Seele, in deinem Herzen.

Und egal wo ich mich auf dieser Erde befand, so kam ich immer zurück zu dir ...

Der Weg zu sich selbst ist schwer und häufig undurchsichtig.

Wenn Gedanken tanzen zu schwermütiger Musik.

Auf einem Bild was man nur selbst erkennt.

Für andere verloren, so hat man sich doch selbst gefunden.

Verworrene Zeilen eines verworrenen Geistes ... doch wer sind wir über uns zu urteilen.

Im Klang des Liedes, welches nur für uns geschrieben wurde.

Wer sind wir?

Vielleicht doch nur Schaum auf der Welle des Universums ...

♥

So verbringe ich die dunklen Stunden wie so oft ...
ein wenig betrunken ... ein wenig melancholisch ...
gedankenverloren im Strudel meines Verstandes.

Einsam ... der Sturm ist vorbei und eine Leere bleibt.

Die Spuren sichtbar, doch ist es, als ob es nie wahr
gewesen ist.

Alles ist in Bewegung, doch der Moment steht still
und stumm ... so schreibe ich, wie so oft ... ein paar
Zeilen ... und wie so oft sind sie ohne Bedeutung.

Doch niedergeschrieben ... mögen sie dem anderen
Verlorenen, ein kleines bisschen Freude bringen ...

♥

Manchmal ist es schwer, mit dem Feuer zu leben ...
es verbrennt so viel Gutes ...
ist immer hungrig und schreit nach mehr ...
die ewige Suche ...
und vieles, was mir nah kam verbrannte ...
doch es gibt mir die Worte, die ich auf Papier bringe,
und es wärmt einiges in meinem Leben ...
sei es auch nur für eine kurze Zeit ...
drum bin ich dankbar für das Feuer, denn es macht
mich zu dem, was ich bin ...
und jeder muss sich sein eigenes Bild über mich
machen ...
während das Feuer nicht wertet ...

♥

Sometimes life is just a reflection in a puddle of mud on a broken street ...

♥

Die Widrigkeiten und Grausamkeiten der Menschen.
Jeder nur auf der Suche nach ein wenig Glück.
Doch so viele verloren.
Ziellos umherirrend durch das Labyrinth des Lebens.
Versunken am Grund des Meeres der Gedanken.
Wo führt mich die Reise hin?
Wer will ich sein?
Ohne Antwort von außen.
Ohne guten Rat.
Drum schreibe ich euch Worte in der Nacht.
Ihr seid nicht allein.
Uns allen geht es so ... doch habe ich keine hoffnungsvolle Botschaft.
Nur ein kleines Licht, das ich durch die Dunkelheit schicke.
Mögen es die sehen, die es brauchen ...

♥

So schreibe ich ihr einen Brief, nur ein paar Zeilen.

Worte, die ich nicht auszusprechen wage.

Zeilen voller Sehnsucht, voll Wahnsinn und voll Einsamkeit.

Sitze hier am Rande der Welt.

Die Gedanken voller Trübsal.

Zeilen auf der Suche nach der einen, die sie lesen will.

Auf der Suche nach Ruhe und Verständnis.

Wo ich selbst keins von beidem habe ...

Zeilen verloren auf dem Papier und in der Bedeutungslosigkeit vergessen ... verworfen und nie gesendet ...

♥

Stille ... kein Geräusch zerschneidet die Gedanken.
Es ist, als ob die Welt den Atem anhält.
Wartend.
Auf den nächsten Zug des Universums.
Auf das Fallen der Würfel, die bereits geworfen
worden, sich aber noch nicht für eine Seite
entschieden haben.
Wartend auf den nächsten Tag.
Stunden gefüllt mit Träumen oder traumlosen
Schlaf.
Auf das uns die Reise wohl gesonnen sein mag ...
Stille ...

♥

Manchmal wünsche ich mir, ich wäre ein einfacher Mensch.
Manchmal wünsche ich mir, nicht immerzu dreiundzwanzig verschiedene Gedanken zu haben.
Manchmal wünsche ich mir, Ruhe zu finden. Ruhe auf der Reise durch das Universum.
Es ist mir nicht gegönnt.
Mein Weg ist ein anderer.
Rastlos springe ich von Stein zu Stein im unendlichen Ozean.
Und auf jedem Stein hinterlasse ich einen Gedanken.
Manchmal ein Gedicht.
Und selten einen Liebesbrief.
Springe in den Nebel.
Doch werde ich nie aufhören, zu springen.
Hinter dem nächsten Stein, hinter dem nächsten Gedicht wartet vielleicht die rettende Insel.
Wo ich Ruhe finden kann ...

So wandere ich auf verschlungenen Pfaden durch meinen Verstand.
Auf der Suche nach dem goldenen Apfel.
Begegne Gedanken ohne Gesicht.
Träume ohne Ziel.
Und tiefer steige ich hinab, je mehr Stunden vergehen, Level um Level.
Um mich klar zu sehen.
Gleißend und verworren.
Jeder Schritt ein Jahrhundert.
Bis nur noch die Erkenntnis zählt ... und eine warme Stimme mir flüstert ... es gibt keinen Grund sich zu grämen ...
Denn nichts ist wahr und alles ist erlaubt.
Oder wie ein weiser jedoch verrückter Mann es am besten beschrieb und auf die Wände meiner Seele kritzelte ...
Situation Normal All Fucked Up ...

♥

Die eiskalte Nacht hat die Welt in Stille getaucht.
Regen wird Schnee und Schnee wird Regen.
Allein mit meinen Gedanken.
An das, was war und das, was sein wird.
Und ich gefangen im dazwischen.
In den Tiefen meiner Seele.
Zwischen Traum und Wirklichkeit.
Zur Untätigkeit verdammt.
Unendlich nah, unendlich fern.
So kann ich nur schreiben ... Briefe voll Sehnsucht.
Briefe voll Einsamkeit.
Briefe voll Liebe.
In der eiskalten Nacht, in der Schnee zu Regen wird und Regen zu Schnee ...

♥

Dein Herz an meinem ...
schlagend im Gleichtakt ... schnell und doch beruhigend.

Zwei Seelen verschmolzen zu einer.

So wie es sein soll.

Die Wärme des anderen spüren.

Ein Verstehen, ohne zu sprechen, da keine Worte notwendig sind.

Nur unser Atmen durchbricht leise die Stille.

Und wir sind angekommen.

Der perfekte Moment.

Ich wünschte, er wäre für die Ewigkeit.

Hör auf dein Herz ... nicht auf andere Menschen.
Das ist dein Leben und es endet mit jeder Minute.
Du musst deine eigene Musik spielen.
Du musst glücklich werden ... und das ist
manchmal schwer.
Aber ansonsten verschwendest du deine Zeit.
Dein einziges Hindernis bist du selbst.
Wenn du dich opferst, wird keiner trauern.

Zeit ... Zeit vergeht.
Ein Jahr ist ins Land gegangen und für immer verloren.
So sitze ich in Dunkelheit mit Bacchus Nektar und beißendem Tabak.
Rekapituliere mein Leben.

Wer bin ich?
Wer will ich sein?
Wohin treibt mich mein Weg und welche Pläne hat das Universum? ...

Zeit vergeht.
Meine Jugend nicht mehr als flüchtige Erinnerung.
Unendlich weit entfernt.
Und doch nur ein Wimpernschlag der Geschichte.

Was wird das neue Lebensjahr für mich bereithalten?
Welch Glück und welch Schmerz ... ich werde mein Bestes versuchen.
Ein Licht am Ende des Tunnels.

Zeit vergeht ...
Zeit kommt ...

babe ...
I know I sold my soul hanging on the edge of rock'n'roll but all I want to do was to find my way home ...

♥

Unnütze Tage ... wartend.
Wartend, dass die Zeit vergeht.
Die Zeit, die stillzustehen scheint und doch
anteilnahmslos an mir vorbeizieht.
Verstand eingehüllt in verklebendem Schleim.
Wandernd durch den Nebel.
Verlorene Tage ... verlorene Zeit.
Und immer währende Sehnsucht ... auf dass
endlich alles Sinn ergibt.

♥

Wenn plötzlich wahr wird, was die Liedermacher in ihren Texten schreiben.
Jede Zeile jedes noch so kitschigen Gedichtes Sinn ergibt.
Jede schmalzige Romanze dein Herz berührt.
Sich alles leicht anfühlt.
Und jede Anstrengung vergessen.
Jeder Moment mit ihr eine Ewigkeit und doch flüchtig wie ein Blatt im Wind.
Unmöglich festzuhalten.
Und jeder Abschied ein kleiner Tod ... erst dann erkennst du, was richtig ist und gut.
Und kein Tag wird mehr sein, wie alle anderen zuvor ...

But sometimes those demons would not let me sleep ...
playing the dirtiest tricks to my mind ...
making me want to scream, but i lost my voice.

And the darkness tears me down in a spiral of broken
dreams. Deep down in the ocean of my mind.
Where no shelter is found ...

🖤

As she came into my life I lost my mind.
But now I can see clear that this so called
sanity has never been right ... and the
madness we share, which nobody can
understand, which nobody can see ...
is our path to happiness ...
is our destiny ...

Er sah den Wolf in ihr ... und nahm das Biest als ebenbürtig.
Er sah sie klar hinter all dem Schein.
Jede Facette ihres Seins ... die Regenbogenfarbenen und auch die Tiefschwarzen.
Und jede Einzelne liebte er vom ersten Moment.
Als Blicke sich trafen ... sie sich beide fallen ließen und doch gefangen wurden.
Sie sah ihn klar hinter all dem Schein und beide wussten ... alles wird gut sein ...

♥

So schreibe ich die sehnsuchtsvollsten und
traurigsten Verse in der Dunkelheit.
Schicke Worte und Zeilen in die Nacht.
Auf dass sie die Richtige erreichen.
Verbunden in Licht und Schatten.
Ein Lied nur für ihre Seele.
Auf dass sie es hört ... kurz verweilt ...
und mir einen Gedanken schenkt.
Einen Gedanken voll Wärme für mich ...
über all die Distanz.
Und so schreibe ich die sehnsuchtsvollsten
und erfülltesten Verse in jeder Nacht bis ans
Ende der Zeit ...

♥

Nach all dem Lärm und all dem Licht senkt sich
behagliche Stille über die eisige Nacht.

So sitze ich über der Stadt in meinem hölzernen
Thron und begrüße das neue Jahr.

Nur die Dunkelheit und das Eis als Begleiter.

Ein neues Jahr ... was mag es wohl bringen?
Wohin führt mich die Reise.

Gedanken schwingen am Rand des Seins.

Doch die Sterne flüstern leise ... alles wird gut.

So soll es sein ... für heute und jeden weiteren Tag ...

♥

2019

Viele Mädchen wurden gefressen ... einigen war er Begleiter, solange es die Zeit erlaubte, doch halten oder gar zähmen konnten sie ihn nie.
Ein rastloses Biest, getrieben, suchend und ohne Heimat.
Verloren zwischen den Spielbällen von Schicksal und Zukunft.
Bis die eine ihn fand ... verletzt und müde ... zum Aufgeben bereit.
Die eine ... die das Biest nicht zähmen wollte ... nicht einsperren.
Die ihn sah ... hinter der Dunkelheit.
Die eine, die dieselbe Melodie sang.
Sie tanzten verwoben zwischen Licht und Schatten ... auf dem Rand der Welt.
Und konnten in ewiger Umarmung endlich sie selbst sein.
Bis zum Ende aller Tage ... zwischen den Sternen.
Und ihr Lied erfüllte die kalte Nacht.
Seltsam ... aber so steht es geschrieben ...

♥

So greift die eisig kalte Nacht mit frostigem Griff nach meinem Herz.
Zieht mich in Richtung Dunkelheit ... zu dem Platz, den ich lange Zuhause nannte.
Tiefschwarz und trudelnd.
Die bekannte Leere.
Doch in dieser Nacht erwärmt mich ein unbekanntes Feuer. Gegen das die Kälte machtlos ist.
Ein Gedanke an sie ... so klar und rein, dass die Dunkelheit vertrieben wird und in Bedeutungslosigkeit versinkt.
Und lässt mich die kälteste Luft ohne Schmerz atmen.
Denn in meinem Ohr klingt ihre Stimme zart und sanft ... alles wird gut ...

♥

Irgendwo zu weit entfernt, versinkt sie im Schlaf
und ihren Träumen ...
die kalte Nacht bleibt draußen und ruhig schlägt
ihr Herz.

Die Stadt liegt still zu ihren Füßen.
Als hätte nur sie diese stumm geschaltet.

Und ich, allein in der Dunkelheit, zu weit entfernt,
bin wach und mag doch nur ein Teil der Träume
sein ...

♥

So geht das Leben seltsame Wege ... Dinge erscheinen zufällig und chaotisch.

Doch drehen sie am Ende nur das Rad, welches das Universum für uns bereithält, ein kleines Stück weiter und geben die Illusion vom freien Willen und Bedeutung, die wir Kreaturen der Nacht uns selbst schaffen.

Begegnungen, die wie Fäden zusammenlaufen, reißen oder sich im unbedeutenden Vergessen verlieren.

Nur wenige gedacht, sich zu verflechten.
Gemeinsam zu fließen.

Taten, ob groß oder klein bereits seit unendlicher Zeit vorhergesehen.

Am Ende des Tages ist es nur in deinem Kopf.

Und es wird niemand kommen, dich zu richten ... ein beruhigender Gedanke ...

♥

In dem Moment, als sie mein Herz berührte, stand die Zeit plötzlich still.
Die Dämonen schwiegen und die Welt war stumm.
Die Luft nur erfüllt von einer Melodie, die nur für uns erschaffen wurde.
Die nur wir hören konnten.
Nichts, was war, hatte noch Bedeutung und nichts würde mehr so sein wie zuvor.
Und alles war plötzlich richtig ...
in dem Moment als sie mein Herz berührte ...

♥

Gefunden ... ohne gesucht zu haben ...
Ziellos getrieben auf dem Ozean des Lebens ...
verdurstend ohne Durst zu verspüren ...

Sinn und Bedeutungslosigkeit ...
der Nebel zu dicht ...

Funktionieren ohne Funktion zu haben ...
verloren im Grau des Verstandes ...
einsam doch niemals allein ...
so hast du mich gefunden ...
ohne mich zu suchen ...
gibst Farbe ...
gibst Bedeutung ...
geh nicht ohne mich,
du bist mein Ticket zum Mond ...

♥

Das Leben ist nur eine Abfolge von Rätseln,
bis das letzte Rätsel einen umbringt.

Doch wer nicht versucht, die Rätsel zu lösen,
ist bereits tot ... ich denke, das Gleiche gilt
für Gefühle.

Wer nichts mehr fühlen will, sich mit
Einfachheit und Geborgenheit des Alltags
abfindet, kann nie die wirklichen Tiefen und
Höhen des Seins empfinden.

Manchmal muss man einfach springen ...
wer weiß, ob man fliegen wird ...

♥

Zeit rast. Zeit steht.
Im gleichen Augenblick.

Die ewige Reise auf der Scheibe …
Alles war schon einmal da.
Unendliche Wiederholungen.

Bis der eine Moment da ist, der die Reise bricht.
Der alles verschiebt.

Und plötzlich ist alles wahr.
Und die Zeit steht.

♥

Die Welt ist so laut ... und grausam und kalt.
An manchen Tagen wünschte ich,
ich könnte sie stumm schalten oder anhalten.
Doch dann realisiere ich, dass die Unruhe nur
aus mir selber kommt ...
keine Ruhe den Gottlosen ...
ewig auf der Suche ...
unverstanden ...
bis sie von etwas gefunden werden,
was ihnen Frieden schenkt ...

♥

Gedanken zur Nacht ... voll bittersüßer Melancholie.

Zwischen Traum und Wirklichkeit.
Hier und doch so weit entfernt.
Bei dir.

Geboren aus Illusion, doch nichts war je wahrer.
Versinke ich in blutrotem Wein und dem Sturm der Welt und dem Sturm in mir.

Ein Engel, der hinter die Teufel sieht, klar und voller Mut.

Gedanken zur Nacht ... voll bittersüßer Melancholie.

Sie ist wie das Wasser ... mal kraftvoll ... mal ruhig ...
immer in Bewegung ... und manchmal gefährlich.

Wenn ich versuche, sie zu greifen, entrinnt sie.

Doch lasse ich mich fallen, trägt sich mich ... In ihrer
Schönheit verliere ich mich und ward vielleicht nie
mehr gefunden.

Doch ohne sie gehe ich zugrunde,
so ist es jedes Risiko wert ...

♥

Und heute Nacht gehört das Universum uns ...
Zeit steht still ...
Herzen im Gleichklang ...
Lass uns zum Mond schwimmen und mit den Sternen tauchen.
Auf dass nichts mehr so ist, wie es einmal war ...

So war es schon immer und wird immer sein ...
manchmal einsam doch niemals allein ...

In tiefster Dunkelheit ...
Kinder der Nacht, in Träumen vereint.

So schicke ich jedem das, was er grad braucht,
ob Liebe, ob Ruhe, ob Kraft oder Mut.

Nehmt es mit ... ihr habt es verdient.

♥

So I get lost in all her flaws, in all her demons.
Because she is all I need and all my heart ever wanted.
In all her chaos she brings calmness to my soul ...

♥

Das Leben ist dunkel genug ...
verschwendet nicht eure Zeit mit Zweifel.

Die richtige Seele ist da draußen und sie
wartet auf euch.

Wartet darauf, gefunden zu werden.

Der Tod ist unausweichlich, lasst nicht die
Angst euer Leben bestimmen.

Und egal wie oft man hinfällt,
einmal wird es richtig sein ...

🖤

Nur wenige Menschen haben die Kraft, wirklich etwas in Dir zu verändern.
Sei es zum Guten oder Schlechten.
Gedanken zu öffnen.
Seelen zu spüren.

Du bist nicht mehr derselbe Mensch wie zuvor.
Und Deine Welt, in der alles klar schien, rückt ein klitzekleines Stück zu Seite.

Das sind die Begegnungen, die zählen, die aus dem Grau der Allgemeinheit stechen.
Und sollten sie auch wieder verschwinden, vergessen kannst du sie nie ...

Kalte klare Luft.
Kalter Rauch.
Kein Geräusch zerschneidet die Stille.
Gedanken an dich.
So viele Dinge dir zu sagen.
So viele Dinge dir zu zeigen.
Doch so weit entfernt.
Schreibe ich die schönsten traurigsten Zeilen und bin doch nicht sicher, ob du sie lesen wirst ...
Ob du sie jemals lesen willst ...
Zeilen von Liebe, Zeilen von Zukunft.
Zeilen voll Sehnsucht.
Nicht wissend, ob das Schicksal uns ein uns erlaubt.
Oder ob der Stern so weit, so schön, so unerreichbar bleibt ...
Kalte klare Luft ... und kein Geräusch zerschneidet die Gedanken ...

♥

So bringt uns die Nacht wieder zusammen,
vereint in Stille und Dunkelheit.

Jeder an seinem Platz, doch jeder irgendwie
vereint.

In Traum und Wirklichkeit ... unter demselben
Himmel und auf der gleichen Suche.

Niemals mehr allein.
Niemals mehr verloren.

Liegt es an uns, das Neue zu schaffen.
Mehr Liebe zu empfinden.

Lasst die Traurigkeit nicht obsiegen, so schwer
es sein mag. Heute wird dies unsere Welt sein ...

♥

In jedem Lied, das mich durch die Nacht begleitet,
finde ich ein Stück von dir.
Draußen der Regen, hier drin nur Musik.
Und die Noten tragen mein Herz auf Reisen,
dorthin wo auch immer du sein magst.

It's her scars that make her special.
Her darkness that makes her magical.
Her twisted dreams that makes her
standing out of the grey crowd.
That's why I fell for her and will never be
found again ...

♥

Wenn die Musik aufhört, zu spielen, der Rauch sich
verzieht, die Stadt sich langsam in Stille hüllt und die
einzigen Lichter die Spiegelungen der Laternen auf
der nassen Straße sind. Gehen wir ein Stück
zusammen, gefunden im gemeinsamen Verlorensein.

Zwei Herzen für ein paar Stunden, ohne Namen.
Zwei Sterne deren Wege sich kreuzen, um sich
danach wieder zu verlieren.

Doch unendlich bedeutsam für den Moment, welcher
nie mehr vergessen geht ... in Schönheit
vollkommene Tragik und mehr Gefühl als je zuvor.

Even in the deepest darkest night ...
when the worst nightmares creep out your soul ...
I will be there ...
a thought ... a dream ... a hope ...
and those demons will never do you any harm anymore ...
for now and forever ...

♥

Und selbst die glücklichsten und traurigsten Verse vermögen auch nur die Schönheit anzukratzen.

Wenn die Feder versagt und nur die Träume bleiben.

So fern, doch immer da.

Worte, die nicht ausgesprochen werden ... weil keine Worte notwendig sind.

Manchmal nur gefunden, um wieder verloren zu gehen ...

♥

Rastlos und doch müde ... verloren, aber kaum willens gerettet zu werden.
Kunst entstanden aus der Dunkelheit.
Worte aus sanfter Melancholie.
Aufgeschrieben für die, die es verstehen.
Wir alle suchen denjenigen, der die gleiche Melodie verspürt ... um einen Moment der Ewigkeit zu erleben ... und dieselbe Flamme zu fühlen ... vielleicht nur für eine Nacht ... doch vielleicht für immer ...

♥

Wenn du dich verloren fühlst und die Einsamkeit schmerzt. Sei gewiss du bist nicht allein in der Nacht in der Dunkelheit.

So schreibe ich Zeilen und Gedanken zu später Stunde und sende sie an dich, der du sie brauchst.

Pass auf dich auf ... mögen die Worte dir ein wenig Trost spenden und ein wenig Wärme in diesen kalten Zeiten.

Denn du bist es wert und das wird nie vergessen.

Mancher Mensch hat ein großes Feuer in seiner Seele,
und niemand kommt,
um sich daran zu wärmen.

Immer ein Stück neben der Realität.
Gefangen zwischen Traum und Wirklichkeit.
Auf der Suche, doch nicht wissend wonach.
Was ist hinter dem Vorhang?
Oder vermag es der Verstand nicht zu sehen?
Und am Ende spricht der weiße Ritter doch nur rückwärts.

♥

As I thought nobody would see me ... lost in the crowd of grey faceless masses ... suddenly she appeared and I felt my universe of melancholy cracking.

For just a second everything made sense and this moment would never be forgotten ...

♥

Bury me up in the mountain

Under the shade of a beautiful flower

And the people who shall pass

Will tell me: „what a beautiful

flower"

♥

Even if I did not need you ...
I learned to live with the emptiness ...
and it only hurts after you make it obvious ...

♥

Alles, was es braucht, ist nur ein Kuss.

Und plötzlich wird deine Welt, die immer nur grau war, getaucht in die schönsten Farben ...
und du wirst wissen, dass die richtige Seele dich gefunden hat ...
so steht es geschrieben, drum hoffen wir, dass es die Wahrheit ist ...

Und die Suche ihr Ende finden wird.

♥

Gedankenfetzen gefunden auf dem Grund des Weinglases.

Auf der Suche nach Ruhe, die unendlich weit weg scheint, unerreichbar.

Das leichte Ziehen der geliebten Melancholie, die so vertraut ist.

Sehnsucht nach dem Herzen, das im Gleichklang schlägt ... der Seele, die im Feuer tanzen kann, ohne zu verbrennen ...

♥

Someone not afraid of the darkness ...
who is dancing with my demons.
No mask needed ... just the pure soul ...
twisted and burning ...

♥

In denen ich mich verliere, vor denen ich nichts verbergen kann, die die Zeit still stehen lassen.

Und meine Seele wird mit Ruhe erfüllt …

Nichts von Bedeutung, nur der Augenblick … und alles um uns herum wird still und gut …

♥

Vielleicht ist das, was dir am meisten Angst macht, das, was dir wild und unzähmbar erscheint, das, was deine Seele zu Ruhe bringt.

Dir neue Wege zeigt, den Schmerz lindern kann.

Wenn du hinter die Dunkelheit blickst, es sich öffnet … und du erkennst, dass nur ihr zusammen die schönsten Geschichten schreiben könnt.

Egal, was war … es zählt nur, was sein wird.

In der Nacht und manchmal in der Ewigkeit.

♥

Was immer die Nacht bringen mag, dunkle Gedanken, Einsamkeit, Ruhe oder Rastlosigkeit.

Sie wird vergehen, so wie jeder Moment.

Die Alpträume verschwinden im Vergessen.

Und nur einzelne Spuren bleiben bestehen, kaum zu sehen, kaum zu fühlen.

Die Sonne wird aufgehen und wir werden es weiter versuchen …

♥

The blood of fallen angels, to fight against my fears, the help me face my nightmares, so I can finally find some sleep ...
so let me take you in my arms now, and leave the world behind.
Join me with my journey beyond the normal peoples sight ...

♥

Die schwersten Wege muss man allein bewältigen.
Doch ist man meist sowieso sein bester Begleiter.
Allein auf der Reise ... allein in Träumen.
Seine eigene Realität, die niemand sonst sieht, die aber auch niemand sonst verstehen würde.
Menschen als Gäste auf der Reise, mal kurz, mal lang, doch nie für die Ewigkeit.
Die ist nur der Existenz der eigenen Seele überlassen ...
Dort wo es kein richtig und falsch gibt.
Keine Wertung.
Keine Rechtfertigung.
Nur das Sein und nichts zählt mehr als dieses.
Und wir sollten verstehen, dass wir es nur selten teilen können.
Momente der zweisamen Einsamkeit ... doch so wertvoll wie vergänglich ... passt auf euch auf da draußen ...

♥

Wenn Dunkelheit und Stille dir die Klarheit geben,
das Chaos der Tage nehmen.
Nichts von Bedeutung ist.
Die Welt weiter läuft, du aber nur beobachtest,
nicht mehr Teil dieser bist, entrückt ... die Freiheit
spürbar ist und alles andere für einen Moment
vergessen ... die Sekunden des Seins und Nichtsein.
Der Zustand zwischen Alpha und Omega ... dann
hat die Nacht schützend ihren Mantel für ihre
Kinder ausgebreitet und nur das Hier und Jetzt
existiert ...

♥

In der Nacht, wenn alles andere leise gedreht ist und an Bedeutung verliert, bis zum Morgengrauen, hört man die Stimme seiner Seele.

In all ihrer Grausamkeit und all ihrer Schönheit.

Man muss nur zuhören wollen …

♥

Vielleicht waren es die richtigen Träume, man hat sie nur mit den falschen Menschen geteilt ...

Worte als Ausdruck der Sehnsucht ... nicht nach irgendjemandem ... mehr nach irgendwas ... vielleicht nach Berührung ... vielleicht danach verstanden oder gefunden zu werden ...

Wer vermag das zu sagen?

Worte als Schild ... gegen die Sehnsucht ... die immer wieder wie das Feuer ist, das leuchtet, aber nicht wärmt ... wie ein Versprechen ... ohne jemals eingelöst zu werden ... Wie die Suche, die niemals endet ...

Aufhellend für eine Sekunde und danach vergessen ...

Worte als Sehnsucht ... doch so schwer sie zu lesen, so schwer sie zu schreiben ... verworren im Chaos ... aber doch wahr.

♥

Manchmal muss man einfach zwei Schritte zurückgehen, den Blickwinkel ändern und darauf vertrauen, dass das Universum einen Plan hat.

Den muss man nicht verstehen, aber er wird schon richtig sein.

War er immer.

Mit anderen Worten ... que sera, sera oder besser noch wie meine Lieblingsweisheit im Chinesischen ... „mei banfa".

Akzeptiert den Fluss und kämpft nicht dagegen an ...

Schwarzweiß ...

wenn Farbe zur Erinnerung verblasst.

Bittersüß, aber zu weit weg,

um jemals real gewesen zu sein ...

🖤

Gedankenfetzen auf Papier, Worte hingerotzt im kläglichen Versuch, Gefühl zu beschreiben, was niemals beschrieben werden kann.

Verloren in Bildern, aufgeschrieben und doch nie gelesen. Verloren und entsorgt ... obwohl doch eigentlich so wichtig ...

♥

Sie sagten mir, ich sei wertlos.
Sie sagten mir, dass niemals etwas Vernünftiges aus mir werden würde.
Sie sagten mir, ich sei Abschaum.
Sie sagten mir, ich solle mich anpassen.
Sie sagten, ihre Welt sei die Richtige.
Ich habe nicht auf sie gehört.
Ich bin meinen eigenen Weg gegangen.
Ich habe vieles falsch gemacht und einiges richtig.
Ich bin noch hier, bescheiden und stolz.
Jeden Tag aufs Neue.
Bis ans Ende meiner Zeit.
Sie werden uns nicht brechen!
Wir sind hier und nicht mehr allein!

♥

Vielen Dank, dass Ihr mich auf meiner Reise begleitet habt und ich hoffe Ihr hattet ein wenig Freude oder auch ein paar andersartige Gedanken ...
Achtet auf Euch da draußen.

Euer Kristian